Susanne Knecht
Eliza Fraser

SERIE PIPER

Zu diesem Buch

Die Engländerin Eliza Fraser erleidet 1836 vor der australischen Küste Schiffbruch. Über die Hälfte der Besatzung der Stirling Castle findet unter mysteriösen Umständen den Tod, darunter auch der Ehemann von Eliza, Kapitän des gesunkenen Schiffes. Eliza jedoch wird bei den Ureinwohnern aufgenommen und nach einigen Wochen Zusammenlebens mit den Aborigines von einem entlaufenen Strafgefangenen »befreit«. Mit ihren dramatischen Erlebnissen unter den »verabscheuungswürdigen Eingeborenen« macht sie viel Geld und kehrt schließlich nach England zurück, wo sich ihre Spur auf dem Jahrmarkt verliert. Susanne Knechts umfangreiche Recherchen bringen eine Lebensgeschichte zutage, deren hochkomplexe Zusammenhänge bis heute fortwirken. Koloniale Abenteurer, Walfänger, viktorianische Medien- und Kirchenmänner bis hin zu modernen Kunstmalern, Literaturnobelpreisträgern und wissenschaftlich Neunmalklugen haben Teil an der Geschichte und dem Nachleben dieser Frau, deren Faszination politisch verheerende Folgen hatte.

Susanne Knecht, geboren in Basel, studierte Ethnologie und Religionswissenschaften und war am Aufbau eines Migrationsinstitutes an der Universität Neuchâtel beteiligt. Sie lebt heute als Journalistin in Basel und Italien. Von ihr erschien außerdem »Lady Sophia Raffles auf Sumatra«.

Susanne Knecht

Eliza Fraser

Schiffbruch vor Australiens Küste

Mit zehn Abbildungen

Piper München Zürich

Von Susanne Knecht liegen in der Serie Piper vor:
Lady Sophia Raffles auf Sumatra (3833)
Eliza Fraser (3834)

Ungekürzte Taschenbuchausgabe
Piper Verlag GmbH, München
Januar 2004

Umschlagkonzept: Büro Hamburg
Umschlaggestaltung: Birgit Kohlhaas
Umschlagabbildung: Collage/Kolorierung aus Gravuren von John Curtis
(»Shipwreck of the Stirling Castle«, London 1838)
Foto Umschlagrückseite: F. Ammann
Satz: Das Herstellungsbüro, Hamburg
Druck und Bindung: Clausen & Bosse, Leck
Printed in Germany ISBN 3-492-23834-3

www.piper.de

Inhalt

Die Kruste von der Geschichte kratzen

Wie bizarr oder wie unheimlich müssen Geschichten sein, damit sie zwei Jahrhunderte lang überleben, Schicht um Schicht zulegen, bis sie in stets neuen Versionen unbemerkt zum politischen Zündstoff werden?

Abwegig und voller Überraschungen ist das Schiffbruch-Abenteuer der Engländerin Eliza Fraser. Von dieser Gefahrenstory soll jetzt »die Kruste gekratzt werden« – ein Ausdruck übrigens des südafrikanischen Autors André Brink, der die gekenterte Eliza als Heldin ins Zentrum eines Apartheid-Romans stellte. Er meint, von jeder Geschichte müssten zuerst einmal die vielschichtigen Ablagerungen herunter, »nicht, um die Handlung neu zu erzählen, sondern um sie vollständig bloßzulegen und damit erneut in Bewegung zu bringen«.

Den Anstoß zur Idee, die Fraser-Geschichte zu entkrusten und ihr neuen Schwung zu verleihen, bekam ich von der Verlegerin – ich danke ihr für den Vorschlag. Sie vermutete hinter der verunglückten Britin eine abenteuerliche Biografie. Meine Recherchen hingegen führten mich ins Abenteuer eines Dschungelmarsches durch widersprüchliche Fakten, Fiktionen und Quellen. Und zu guter Letzt tauchte ich auf in der Gewissheit, einer Frauensperson auf der Fährte zu sein, die – so verquer und mysteriös sie auch gewesen sein mochte – besonders zum jetzigen Zeitpunkt Beachtung erheischt.

Eliza Fraser hat nicht nur zu Lebzeiten die Gemüter von Damen und Herren der besseren wie auch der anrüchigen Gesellschaft von Sydney bis London erhitzt und die christlichen Eiferer für sich eingenommen. Weit über ihren Tod hinaus zeitigten ihre verwegenen Schwindeleien politische Nachwirkung. Ihre persönlich gefärbte Beurteilung der australischen Eingeborenen wirkt heute noch nach.

Im Mai 1836 rammte ein englischer Handelssegler, die *Stirling Castle*, auf dem Weg von Sydney nach Singapur ein Korallenriff in der Gegend des Great Barrier Reef vor Australiens Ostküste. Das Schiff sank, an Bord waren achtzehn Mann Besatzung, der Kapitän und seine Frau. Auf zwei Beibooten trieben sie wochenlang im Sturm, fast ohne Wasser und Nahrung. Sie hegten die Hoffnung, die Sträflingssiedlung Moreton Bay nahe dem heutigen Brisbane zu erreichen, damals ein Außenposten der Kolonialmacht England, die Grenze der Zivilisation vor der bedrohlichen Wildnis und den fremdartigen Aborigines. Halb verhungert und verdurstet strandeten die Schiffbrüchigen aber noch vor dem Ziel auf einer Insel. Die Matrosen begannen zu meutern, ein Teil von ihnen beschloss, den Weg zur weißen Siedlung auf eigene Faust zu suchen. Im Revier der Schwarzen blieben das Kapitänspaar und zwei ihrer Getreuen zurück.

Dort, auf einer ausgedehnten Sandinsel – seit 1842 nach Elizas getötetem Mann »Fraser Island« genannt –, beginnt die eigentliche Geschichte der Kapitänsfrau, die als erste Weiße eingeschlossen mit den »grausamen Wilden« leben musste. Nach ihrer geglückten Errettung durch ein englisches Kommando, dem auch ein »Bushranger« angehörte – das heißt: ein einstmals in den Dschungel entflohener Sträfling, vertraut mit

Sprache und Sitten der Ureinwohner –, machte sich die unzimperliche Britin auf, ihren plötzlich erlangten Ruhm auszukosten und ihre durchgestandenen Abenteuer Gewinn bringend zu vermarkten. Zuerst in der Kolonie New South Wales, später in England.

Im 20. Jahrhundert feierte sie als legendenumwobener Star unvermutet ein Comeback: Maler, Schriftsteller, Musiker, Groschenromanciers, Filmemacher und – in deren Schlepptau – unterschiedliche Sparten der Forschung wetteiferten miteinander um den Zugriff auf die unzuverlässige Dame.

SCHICHTEN ABTRAGEN

Eliza Frasers Geschichte ist vertrackt. Im Visier ist vorerst einmal der Schiffbruch vor der Küste von Queensland mit all seinen unabsehbaren Folgen sowie die sonderbar gewichtige Rolle, die der plötzlich berühmten Frau in ihrer eigenen Zeit zugedacht wurde und die sie auch jetzt noch zu spielen hat.

Gut versteckt unter diesem turbulenten Geschehen jedoch liegt ein Sprengsatz.

Ihre Bedeutung verdankt die Engländerin nämlich einzig der Konfrontation mit den Aborigines, das heißt mit dem Fremden, das sie so entschieden von sich wies und verachtete. Und diese harsche Ablehnung der australischen Einheimischen hatte die Wirkung von Sprengstoff, der zu verschiedenen Zeiten an verschiedenen Orten der Welt hochging.

Warum das so ist, lässt sich nur klarlegen, wenn Schicht um Schicht der Ereignisse freigelegt wird. Dann treten in der Affäre Fraser erstaunliche Bezugspunkte zutage, einer mit dem anderen verknotet.

Zuvorderst kommen die Entdecker ins Bild: Spanier, Holländer, Briten. Sie alle steuerten ihren Teil bei für die seltsam verschlungenen Wege der europäischen Landnahme Australiens.

Eliza Frasers Erfahrungen sind eng verknüpft mit der nur zögernden Annäherung der Europäer an den entlegenen Weltteil.

Darum gleich am Anfang die Frage: Weshalb wurde der Kontinent, der noch im 19. Jahrhundert Neu-Holland hieß, von den Spaniern kaum wahrgenommen, von den Niederländern verschmäht und von den Engländern kurzerhand zur *terra nullius* (niemandes Land) und damit zum Eigentum der Krone erklärt? Welchen Part spielte dabei der entschlossene Seefahrer James Cook? Und welche kuriose Rolle übernahm einer der Passagiere seines Schiffs *Endeavour* bei Cooks erster Reise um die Welt?

In der nächstunteren Schicht ist die englische Obrigkeit zu erkennen mit ihrem Beschluss, große Kontingente britischer und vor allem irischer Strafgefangener als Zwangssiedler in die fremde Welt zu schicken. Ohne diese »Sklaven« im beschlagnahmten Land wäre die Kapitänsfrau Fraser wohl niemals gerettet worden.

Jetzt taucht die koloniale Anmaßung auf. In diesem Krustenteil tummeln sich die politisch überheblichen Neunmalklugen im Mutterland, die anlässlich Elizas spektakulärer Auftritte in London andächtig zuhören, wenn sie hasserfüllt über die Aborigines herzieht und die erlittenen Qualen im Rückblick ins Unermessliche steigert. Zu diesen Verfechtern überseeischer Machtansprüche, die allem schwer Verständlichen in den eroberten Ländern einzig mit Hohn begegnen, gehören auch Zeitungsleute und Kirche. Es fällt auf, mit welchem Ingrimm sich einzelne Journalisten in jener Zeit für die Interessen des Christentums stark machen und die missionarische Bekehrung in abgelegensten Kolonien als einzige Alternative zur Menschenvernichtung propagieren. Ihnen sind Eliza Frasers Erlebnisse im Busch hochwillkommene Beweise für Zustände, die sie als Vorstufen der Hölle bezeichnen, und entsprechend sind die schwarzhäutigen Dschungelbewohner ausgekochte Teufel.

Und damit treten die australischen Einheimischen ins Blickfeld. Es lässt sich gewiss nicht lückenlos belegen, wie groß Mrs. Frasers Anteil tatsächlich ist an der heute noch schwierigen Existenz und Rechtlosigkeit der Aborigines. Augenfällig aber ist die Tatsache, dass ein von ihr verantworteter Dokumentarbericht in Buchform wie eine Bombe einschlug und nachweislich entscheidenden Einfluss hatte auf die weiße Beurteilung schwarzer Australier.

In London nämlich hatte sich Eliza nach ihrer Rückkehr mit einem Journalisten zusammengetan und ihm während tagelanger Sitzungen jede Kleinigkeit über den Schiffbruch samt Folgen berichtet. 1838, zwei Jahre nach dem Unglück, wurden diese Interviews in Form eines Abenteuerromans veröffentlicht, und der Text avancierte in der ganzen kolonialen Welt inklusive Nordamerika sofort zum Bestseller. Das Buch ist heute noch Hauptquelle für die Fraser-Beurteilung.

Die wohl präparierte Gruselmär wurde im Nu derart berühmt, dass sie sich bald in mehreren und zunehmend infernalischen Versionen verbreitet fand. Ihr Weg lässt sich nicht nur in allerlei erbauliche Wochen- und Monatsblätter zurückverfolgen, sondern sogar bis in die Jahrmarktsbuden von Bänkelsängern und Balladendichtern.

Natürlich fiel die Erzählung von Elizas Plagen bei ihrem Erscheinen auf bereits fruchtbaren Boden. Die Zeit der »edlen Wilden« war längst vorbei, und in Australien wie auch anderswo wurden die störenden Einheimischen von den abendländischen Landnehmern meist gleich zu Beginn der Besiedlungen wie die Hasen gejagt und schlimmstenfalls ausgemerzt. In dieser Stimmung setzte der Lagebericht einer weißen Frau, die sich öffentlich als »unschuldige Gefangene schwarzer Scheusale« bezeichnete, den Punkt aufs i und lieferte die wohlfeile Rechtfertigung für politische und sonstige Maßnahmen.

Beweise fehlen, aber leicht denkbar ist, dass sich der weitherum bekannte Text über die Tücke der Schwarzen als Lektüre im Gepäck von europäischen Forscherinnen und Forschern befand, die ab Mitte des 19. Jahrhunderts auf obskuren Pfaden in Australien wandelten.

Erst im November 1991 erfuhr die verblüffte Öffentlichkeit durch eine Titelgeschichte in der Zeitschrift *Newsweek*, was der Fachwelt längst schon bekannt war: Vor hundert und mehr Jahren wurden in großer Zahl Leichenteile von Aborigines, vor allem Skelette und Schädel, in die Museen von Europa exportiert und dort von Paläoanthropologen untersucht und konserviert. Das Material stammte aus Grabschändungen, Krankenhausdiebstählen und – im Extremfall – von gezielten Morden. Die Wissenschaft erhoffte sich damals Aufschlüsse über eine Theorie von Charles Darwin, wonach die eingeborenen Australier als evolutionäre Übergangsstufe zwischen Primaten und Homo sapiens zu betrachten seien. Darwins These ist längst widerlegt. Dennoch verweigern einzelne Museumsleute sogar heute noch die Rückführung der »Exponate« in die Heimat zum Zweck ihrer würdigen Bestattung.

Besonderes Augenmerk richtet der australische Autor der Reportage, David Monaghan, auf den »Engel des schwarzen Todes«, nämlich die deutsche Forscherin Amalie Dietrich aus der Stadt Siebenlehn in Sachsen. Sie hatte im Auftrag des Hamburger Museums Godeffroy von 1863 an zehn Jahre lang mutterseelenallein als Einzelkämpferin in abgelegenen Gebieten von Queensland verbracht und dort naturwissenschaftliche Sammlungen zusammengestellt: Pflanzen, Fische, Vögel, seltene Säuger, Geräte und Waffen der Eingeborenen und eben auch Eingeborene selbst, die sie angeblich nach speziellen Kriterien auswählte und töten ließ. Allerdings möchte die heutige Expertin in der Sache Amalie Dietrich, die Kuratorin der großen Australienabteilung am Leipziger Völkerkundemuseum, Birgit Scheps, den Auftragsmord nicht direkt bestätigen. Sicher aber ist, dass Amalie Dietrich und ihresgleichen – Gelehrte ohne Skrupel – die Aborigines als bloße Vorstufen des Menschseins betrachteten, nicht würdig, als Menschen behandelt zu werden. Für diesen Standpunkt hatte Eliza Fraser früh schon die Begründung geliefert. Ihre Nachfahren im Feld hingen denselben Überzeugungen an.

Nicht um Mord, sondern in den meisten Fällen um schiere Effekthascherei geht es den modernen Kunstschaffenden, wenn sie die Unwürdigkeit der Aborigines rund um Eliza Fraser drastisch zu veranschaulichen suchen. Dass dabei Frasers einstige Interviews die künstlerischen Blicke trübten, ist klipp und klar belegt: Elizas Comeback im 20. Jahrhundert steht in engem Zusammenhang mit dem Londoner Text von 1838. Denn mit einer späteren australischen Version der Geschehnisse befand sich das zerlesene Buch in der Tasche des britischen Dschungelkriegers Tom Harrisson, der auf Fraser Island militärische Einsatzkommandos trainierte. Freilich hatte Harrisson die Lawine der jüngsten Fraser-Leidenschaft ganz ohne Absicht losgetreten, als er 1947 dem jungen australischen Maler Sidney Nolan über den Schiffbruch der Dame sowie die nachfolgenden Peinigungen berichtete. Seitdem geistert Eliza Fraser durch unterschiedliche Bezirke musischen Schaffens. Im Kielwasser der Kunst schlägt die längst Verstorbene aber auch verschiedene Zweige der Geistes- und Sozialwissenschaften in Bann, die dem Wiederauftauchen der Toten große Bedeutung beimessen und das Kuriosum emsig zu interpretieren suchen. Indes holt die Forschung ihre Erklärungen manchmal von sehr weit her. Da wird etwa kritisch geprüft, ob die erneute Aktualität der Saga nicht als Beweis zu gelten habe für die globale Unausweichlichkeit imperialer Politik. Als Beleg dieser These wird Eliza mit der Iphigenie im Land der Taurier verglichen, »jenem Mädchen, das von einer Göttin ans Ende der Welt gebracht wurde, um dort unter den Barbaren zu leben, bis Agenten einer imperialen Macht sie befreiten« – so ein Mitglied der historischen Zunft.

Auf Leinwänden, in Romanen, in Gedichten, Theaterstücken, Kammermusikwerken und Filmen überbieten sich Maler, Schriftsteller, Komponisten und Regisseure seit mehr als fünfzig Jahren mit aufgeblähten Verunglimpfungen von Elizas schwarzen »Drangsalierern«. Sogar ein Nobelpreisträger der Literatur ließ es sich nicht nehmen, ewiggestrige Vorurteile zu zementieren und mit krassen Worten auf ein kannibalistisches Ritual hinzuweisen, für das es im Zusammenhang mit Elizas Leidenszeit auf Fraser Island nicht einen einzigen Beweis gibt.

Weil die rätselhafte Kettenreaktion verschiedenster Deutungen der undurchsichtigen Eliza noch heute nicht abgebrochen und in diesem Ausmaß wohl einmalig ist, gefiel mir das Experiment, den Knäuel erst einmal zu entwirren – oder eben: »die Kruste von der Geschichte zu kratzen«. Was dabei unerwartet zum Vorschein kam, ist nicht etwa die Märtyrerin Eliza im Dienst kolonialer Interessen, ein triebhaft-treuloses Bushranger-Liebchen oder gar ein Damenopfer frühviktorianischer, männlicher Machtspiele – um nur einige wenige der zeitgenössischen Erklärungsmuster zu nennen.

Zum Vorschein kam etwas ganz anderes: Die Legende Eliza Fraser dient tatsächlich seit bald 170 Jahren als Waffe gegen die Aborigines. Entweder bewusst eingesetzt oder gedankenlos spielerisch gehandhabt.

Niemand kannte die Frau oder wusste irgendetwas von ihr, als sie 1836 aus dem Dunkel trat. Zwei Jahre lang stand sie im gleißenden Rampenlicht und verschwand danach wieder im Dunkel. Sie brachte es fertig, während dieser zwei Jahre international einen beispiellosen Wirbel zu verursachen. Und als sie nach dem Zweiten Weltkrieg wiederum auftauchte, gelang es ihr ein zweites Mal, weltweit zu imponieren.

Eliza Frasers Ankurbeln einer mächtigen Maschinerie der Verleumdung ist eine unter vielen Ursachen, weshalb Australiens Aborigines heute noch im Schatten stehen und auf eine angemessene Behandlung warten müssen.

Die Geschichte der Eliza Fraser »erneut in Bewegung bringen« bedeutet: Den Spaniern, Holländern und Briten erst einmal hinterherspüren auf ihrem Weg zum fünften Kontinent und speziell Elizas Route zu verfolgen bis zu jenem Tag im Mai 1836, als die *Stirling Castle* auf ein Riff lief. Und dann beginnt der spannungsreiche Dschungelmarsch durch Fakten und Fiktionen, der Weg ans Licht durch die verworrenen und explosiven Ereignisse, die bis in unser 21. Jahrhundert Spuren hinterlassen.

FUNDGRUBEN

Seit bald 170 Jahren stapeln sich die Quellen zum Thema Eliza Fraser: obrigkeitliche Akten, Rapporte, Logbücher, Verhöre, Gerichtsberichte, Befragungen, Abenteuer- und Entdeckergeschichten, Zeitungs- und Zeitschriftenartikel, persönliche Erinnerungen, Briefe, Romane, Gedichte, Balladen, Handzettel von Bänkelsängern, Reportagen, Tagungsprotokolle, wissenschaftliche Aufsätze, Kunstkataloge. Die nützlichsten finden sich am Schluss im Abschnitt »Bücher zum Weiterlesen« zusammengefasst.

Zuerst habe ich ratlos vor dem Berg gestanden, versuchte, ihn irgendwie anzugehen und abzutragen, damit die nebulöse Eliza Fraser endlich zum Vorschein käme. Zum Glück aber erwiesen sich einige der Quellentexte als wahre Fundgruben – voll unerwarteten Materials, voller farbiger Steine. Als Mosaik zusammengesetzt, ergeben sie überraschende Momentaufnahmen. Die Engländerin Eliza Fraser, geboren 1798 und gestorben 1858, ist in dieser Bildserie immer wieder deutlich zu erkennen – im Zentrum von Skizzen aus ihrem Leben, Rundblicken auf ihre eigene und vorausgegangene Epochen sowie der Illustration ihres Einflusses auf unsere heutige Zeit. Noch schärfer umrissen jedoch erscheinen die Aborigines, auf die der lange Schatten der Kapitänsfrau fällt.

Für dieses Porträt einer absonderlichen Heldin und Unruhestifterin habe ich die einzelnen Mosaiksteine zusammengesucht, geordnet und sie nach eigener Vorstellung neu und zeitgemäß kombiniert.

Für die deutschen Übersetzungen aller englischen Texte ist die Autorin verantwortlich.

Fazit einer Entdeckungsgeschichte

Ohne James Cook und seine kühne Suche nach einem astronomischen Phänomen im Südpazifik wäre die Existenz Elizas wohl niemandem je bekannt geworden. Ohne Cooks Entdeckung der australischen Ostküste und die Landnahme des ganzen Gebiets hätte die Schiffsroute vom Pazifik in den Indischen Ozean dem kolonialen Handel – und damit den Agenturen und Kapitänen – nicht so früh schon den goldenen Aufschwung gebracht.

Allerdings hatte längst vor Cook ein spanischer Seefahrer die Passage zwischen den beiden Meeren ausfindig gemacht. Ebenso wussten holländische Kapitäne der »Vereinigten Ostindischen Kompanie« bereits vor den Engländern, dass es südöstlich von Java eine Landmasse gab. Beide Staaten zeigten jedoch kein Interesse an weiteren Entdeckungen.

Fazit: Ohne Cook keine Fahrt der *Stirling Castle* 1836 durchs Barrier Reef, kein Schiffbruch der Eliza Fraser, kein Stranden der Britin bei den Aborigines, keine 200 Jahre dauernde Anziehungskraft ihrer Person und keine Langzeitwirkung ihrer Unternehmungen.

»Manila, den 12. Juli 1607« – datiert der Seefahrer Luiz Vaez de Torres seinen Rapport an den spanischen König Philipp III. Von Peru aus war de Torres 1606 um die halbe Welt gesegelt – quer durch den Pazifik stets Richtung Westen, um nach Gold und Silber Ausschau zu halten. Der peruanische Vizekönig hatte die Expedition finanziert. Er wünschte sich die Bestätigung einer alten indianischen Sage, wonach der Inkaherrscher Tupac Yupanqui von weit im Westen gelegenen Inseln reiche Beute an Edelmetallen in sein Reich zurückgebracht habe.

Vaez schreibt während des Zwischenhalts in Manila in knappen Worten an seinen König:

> 900 Meilen segelten wir einer Küste entlang. Plötzlich gerieten wir in eine Untiefe, die sich über etwa 500 Meilen hinzog. Wegen der Riffe und starker Strömung kamen wir kaum voran und mussten nach Südwest ausweichen. Das Meer wurde immer flacher, stellenweise war das Wasser nur etwa drei Faden (knappe sechs Meter) tief. Wir sahen etwelche große Inseln. Rabenschwarze, kräftig gebaute Menschen wohnen dort. Sie gehen ganz nackt und haben dicke, lange Speere, viele Pfeile und unförmige Steinkeulen, die wir gar nicht handhaben konnten. Ich fing zwanzig von diesen Schwarzen mit Seilen, damit ich Ihrer Majestät über sie berichten kann. Obwohl wir uns zwei Monate lang in dieser Furt aufhielten, konnten wir uns aber kaum mit ihnen verständigen. Danach gerieten wir wieder in tiefere Gewässer und hielten etwa zehn Meilen Distanz zur Küste, die nach Nordosten zurückweicht.

Vaez hatte weder Gold noch Silber gefunden. Aber auf seinem Weg von den Neuen Hebriden nach dem spanischen Stützpunkt Manila hatte er die Meerenge zwischen Neuguinea und Australien entdeckt, ihm zu Ehren später *Torres Strait* benannt.

Die Niederländer waren früh schon – bereits zu Anfang des 17. Jahrhunderts – rein zufällig auf die Westküste Australiens gestoßen. Ihre Kapitäne hatten bald herausgefunden, dass der Weg vom Kap der Guten Hoffnung nach der Kolonie Java bei guten Winden via Direktroute nach Ost viel schneller und einfacher war als via indische Südküste. Gerieten sie jedoch zu weit nach Osten, stießen sie ohne Absicht auf australisches Gebiet. Ein rührender Fund bezeugt eine solche Irrfahrt: 1697 entdeckte ein holländischer Reisender in der Nähe der heutigen Shark Bay in Nordwestaustralien den Zinnteller eines Matrosen an einem Pfahl befestigt. Darauf eingeritzt der Text: »Am 25. Oktober 1616 landete hier das Schiff *Eendragt* aus Amsterdam und segelte am 27. do. weiter nach Bantam.«

Dank solchen Zufallslandungen gibt es auch Nachrichten über die Aborigines an der Westküste:

> Die Männer sind barbarisch, sehen alle gleich aus, gehen nackt und haben rabenschwarze Gesichter. Sie ernähren sich von stinkenden Wurzeln, die sie aus der Erde graben. Am Strand sahen wir verschiedene Hütten aus getrocknetem Heu und auch eine Vielzahl von Hunden, Reihern und Wasservögeln. Es gab viel gutschmeckenden Fisch, mit einem Zugnetz einfach zu fangen. Diese Leute haben aber keine Ahnung von Gold, Silber, Zinn oder Kupfer, sie kennen weder Muskat noch Nelken noch Pfeffer und wissen auch nichts damit anzufangen. Sie sind einfach armselig.

Die Holländer wussten also genau, dass es Entdeckungen zu machen gab südlich ihrer ostindischen Kolonien. Besonders beflissen, die Ländereien der niederländischen Handelsherren zu vermehren, war Anthony van Diemen, um 1640 Generalgouverneur auf Java. Er schickte den Seefahrer Abel Tasman los, neue Gebiete auszukundschaften. Wichtigster Punkt des Auftrags: Tasman sollte mit zwei kleinen Seglern, der *Heemskerck* und der *Zeehahn*, von Mauritius aus Kurs auf Südost halten, bis er auf Land stieße. Ende November 1642 schrieb Tasman als Kapitän der *Heemskerck* in sein Logbuch:

> Gutes Wetter, klarer Himmel, 42° 25' Breitengrad. Wir sehen im Osten drei und im Norden zwei hohe Berge. Es ist das erste Land in der Südsee, auf das wir trafen. Kein Europäer war je hier. Wir gaben ihm den Namen »van Diemens Land« (heute Tasmanien) zu Ehren des Generalgouverneurs der Ostindischen Kompanie, der uns dafür bezahlte, dieses Gebiet für Holland zu erkunden.

Tasmans nächster Eintrag vom 2. Dezember lautet:

> Wir schickten ein Boot an Land, bemannt mit sechs Ruderern, sieben Musketieren und bestückt mit einer kleinen Kanone. Die Leute erzählten nach der Rückkehr, dass sie menschliche Stimmen und den Ton von Hörnern und Trommeln gehört, aber niemanden gesehen hätten. Auch beobachteten sie, dass an drei Meter dicken Bäumen die Rinde abgeschält war und sich am Stamm in jeweils sechzig Zentimetern Distanz Stufen eingeschlagen fanden als Kletterhilfe zur Ausplünderung der Vogelnester. Sie sahen auch Tierspuren wie von Tigerkrallen.

Als sich die Mannschaft schließlich widerstrebend entschloss, die niederländische Flagge im entdeckten Land aufzupflanzen, war der Wellengang so hoch, dass der Schiffsschreiner mit Fahne und Mast in der Hand an Land schwimmen musste:

> Wir ruderten so nahe es ging an die Küste heran und baten den Schreiner, allein mit der Prinzenflagge zu schwimmen. Er stieß die Stange in die Erde und ließ das Tuch flattern. Alsdann schwamm er durch die Brandung zurück zum Schiff. Wir ruderten weg und ließen den unbekannten Bewohnern unsere Fahne als Zeichen der Erinnerung.

Die Holländer hatten große Teile der australischen West- und Südküste sowie das heutige Tasmanien fast zufällig entdeckt. Interessiert an Handelsstationen dort waren sie jedoch nie. Die Küstenstriche schienen unwirtlich und unbewohnbar. Meist fehlte es an Wasser, und die Einheimischen zeigten sich wenig zuvorkommend. Zwar nannten nun alle europäischen Seefahrer die Westseite des noch unbekannten Kontinents vorerst Neu-Holland, die verwöhnten Niederländer aber ließen das Gebiet links liegen.

DIE ENGLÄNDER GREIFEN ZU

Captain Cooks Karriere war für die damalige Zeit außergewöhnlich. Als zweites von sieben Kindern eines Landarbeiters stammte er aus der untersten Schicht; ein Zugang in die Höhen der englischen Gesellschaft schien undenkbar. James aber hatte Glück. Der Arbeitgeber seines Vaters bezahlte dem Jungen die Kosten der Lokalschule, wo er lesen und schreiben lernte. Mit achtzehn verdingte er sich bei einem Kohleschiffer, der sich von Cooks Navigationstalent verblüfft zeigte. Mit 26 Jahren meldete sich der schon geübte Seemann bei der Königlichen Marine – reichlich spät. Aber er wusste, dass auf Schiffen die rasche Beförderung möglich war – vor allem während Kriegszeiten –, und dies ohne Ansehen des Stands und der Herkunft. Und damals war Krieg: England kämpfte gegen die Franzosen um den Besitz Kanadas. Dank diesem Streit erstieg Cook die ersten Stufen seiner Karriere. Nach dem Sieg von St. Louisbourg überwinterte er mit der Flotte im kanadischen Halifax, und dort begann er seine Studien als Kartograf. Rasch wurde die Admiralität auf sein großes Geschick in der strategisch wichtigen Sparte aufmerksam. Sie beorderte ihn nach Neufundland, um dort die Küste zu vermessen. Es dauerte aber noch weitere zehn Jahre, bis dem schon vierzigjährigen Kartenzeichner endlich 1768 ein großes Kommando übertragen wurde und sich damit auch das Schicksal Australiens entschied.

An einem Frühlingstag jenes Jahres trafen sich in London die Mitglieder der hoch angesehenen Royal Society zur Detailplanung eines wissenschaftlichen Auftrags, der von der Regierung weitblickend unterstützt wurde. Die Herren wollten ein Schiff ausrüsten mit den modernsten astronomischen Geräten. Das Reiseziel war der noch wenig bekannte Südpazifik. Dort sollte ein bislang unerforschtes Phänomen überwacht werden: der Durchgang der Venus über die Sonnenscheibe. Von diesen Beobachtungen erhoffte man sich Erkenntnisse über die Entfernung von Erde und Sonne. Gleichzeitig wurde die Entdeckung günstiger neuer Handels- und Siedlungsplätze mit eingeplant. Zum Leiter der Expedition wurde James Cook ernannt, der Berufskapitän und Hobby-Wissenschaftler. Ihm oblag es, die geeigneten Spezialisten anzuheuern und das Schiff, die *Endeavour*, mit allem Nötigen auszustatten. Dazu gehörten Astronomen und Biologen. Kurz vor Auslauf der Brigg meldete sich noch ein junger, äußerst wohlhabender Heißsporn bei der Royal Society. Eine Reise um die Welt sei genau das, was er sich wünsche, zudem kenne er sich mit Pflanzen aus und zahle die

Kosten aus eigener Tasche. Er brachte acht Mann mit aufs Schiff, Botaniker, Zeichner, Diener sowie zwei Schoßhunde und eine Unmenge Gepäck. Dieser Joseph Banks schlug zehn Jahre später in London die Besiedlung Australiens mit Sträflingen vor und war mitverantwortlich für die Geschicke des Kontinents.

Am 26. August 1768 begann das Abenteuer, die *Endeavour* verließ die englische Küste Richtung Rio de Janeiro, umrundete Kap Horn und segelte auf die pazifische Inselgruppe Tahiti zu. Den Berechnungen der Royal Society zufolge war von dort aus der Venus-Transit besonders gut zu beobachten. Am 13. April 1769 ankerte das Schiff im Hafen der Insel Otaheite. Knapp zwei Monate standen zur Verfügung, um die astronomischen Messgeräte an Land zu bringen und ein kleines Observatorium einzurichten. Schließlich dämmerte der Morgen des errechneten Tages, des 3. Juni. Von zwei Stellen aus sollte das Schauspiel des Venusdurchgangs überwacht werden. Cook schrieb in sein Tagebuch:

> Der Tag hätte besser nicht sein können, keine Wolke war am Himmel zu sehen, es war ganz klar, die Voraussetzungen ideal. Leider aber beobachteten wir eine Lufthülle wie einen staubigen Schatten rund um den Planeten herum. Die Sicht war versperrt, und wir konnten den genauen Zeitpunkt des Durchgangs nicht festlegen.

An jenem ungünstigen Junitag wusste Cook noch nicht, dass der astronomische Misserfolg durch die späteren Glanzresultate der Reise in Vergessenheit geraten werde.

NEU-HOLLAND IN DIE TASCHE GESTECKT

Cook beschloss, von Tahiti aus südwestlich zu segeln in der Hoffnung, auf noch unbekanntes Gebiet zu stoßen. Die *Endea-*

vour hielt Kurs auf die Ostseite Neuseelands, dessen ungefähre Lage Cook aus einem Bericht Tasmans bereits bekannt war. Anders aber als Tasman bei seiner Kurzvisite ließ sich Cook in Neuseeland viel Zeit und erkannte als Erster die doppelte Inselform der großen Landmasse. Während eines halben Jahres tastete er vom Schiff aus alle Küsten ab, beschrieb die Meerenge zwischen Nord- und Südteil, die heutige Cook-Straße, achtete auf topografische Besonderheiten und Auffälligkeiten wie Bergkuppen, Uferbeschaffenheit, Flussläufe, Inseln mit dem Resultat, dass er zum Vorteil seiner späteren Kapitänskollegen die erste, verblüffend genaue Küstenkarte Neuseelands mit nach Hause brachte.

Wann immer es günstige Landeplätze erlaubten, suchten Cook und Banks Kontakte mit der Bevölkerung. Die war jeweils rasch zur Stelle, wenn das Schiff sich wie ein von den Göttern gesandter Vogel mit seinen Segelschwingen dem Ufer näherte.

> Ein Boot kam gefahren, und die alten Männer dachten, es komme ein Gott daher. An Bord sahen wir Kobolde, komische Wesen. Unsere Frauen und Kinder rannten vor ihnen davon in die Wälder, und nur die Krieger blieben am Strand. Als uns die Wichte nicht groß behelligten, traten wir einer nach dem andern näher, strichen über ihre Kleider, und wir bewunderten die Weißheit ihrer Haut und die Bläue ihrer Augen.

Diesen Bericht des Häuptlings Te Taniwha hat Cook selbst aufgeschrieben.

Aber nicht immer zeigten sich die ansässigen Maori friedlich, oft suchten sie von ihren Booten her den Schiffsrumpf zu erklettern und bedrohten die Fremden mit ihren Speeren. Es gab auch

Opfer, wenn die Engländer mit Musketen über die Köpfe schossen und Tote in Kauf nahmen. Es ist Cook und seinen Leuten dennoch zugute zu halten, dass sie Neugier und Interesse zeigten an den Sitten und künstlerischen Fertigkeiten der Bevölkerung. Wenn heute in den großen Museen der Welt die kostbaren Schnitzereien der Maori, ihre Waffen oder die unheimlichen Bugverzierungen an Kriegsbooten zu bestaunen sind, wenn auf Zeichnungen Begräbnisrituale, Tänze, Hausbau, Landwirtschaft überlebt haben, dann ist dies zur Hauptsache Cooks Verdienst. Seine Leute dokumentierten, was heute längst verloren ist.

Die folgenreichste Entdeckung seiner ersten Weltumseglung verdankt Cook dem Zufall. Fast zwei Jahre war die *Endeavour* nun unterwegs, die über neunzig Mann an Bord waren des harten Lebens im stickigen, stinkenden Schiff überdrüssig und wollten nach Hause. Der einfachste Weg hätte rückwärts geführt zum Kap Horn. Cook aber wählte, einer Eingebung folgend, eine westliche Route. Er plante, entlang der Westküste Neu-Hollands so rasch wie möglich Ostindien und von dort aus das Kap zu erreichen.

Eines Morgens sah der diensthabende Offizier Zachary Hicks weit vorne Land. Cook dachte zuerst, es handle sich um Van Diemens Land, das heutige Tasmanien, bis er ahnte, dass Hicks als erster Europäer die südöstliche Spitze Australiens – nördlich von Tasmanien – vor Augen hatte. Keiner der älteren Seefahrer war jemals auf die Idee gekommen, dass sich hinter der längst entdeckten Westküste des heutigen Australien ein riesiger Kontinent erstreckte. Keiner hatte versucht, rund um den ganzen Erdteil zu segeln. Cook wagte das Abenteuer und begann sofort mit dem Zeichnen der Karte. Er nannte die von seinem Offizier entdeckte Stelle Point Hicks – sie heißt noch heute so.

Rauchsäulen zeigten an, dass es auch dort Menschen gab. Banks beobachtete, dass sie außerordentlich schwarz (»enormously black«) waren, und wollte sofort an Land. Cook fuhr jedoch eine ganze Woche lang nach Norden weiter, entlang der noch gänzlich unbekannten Ostküste Australiens, bis er am 28. April 1770 schließlich in einer weiten Bucht vor Anker ging. Endlich konnte Banks seine Pflanzen sammeln. Das Gebiet erwies sich als wahres Botanikerparadies, und Cook taufte die Bucht Botany Bay. Sie liegt unmittelbar neben Port Jackson, dem heutigen Sydney.

Ein Matrose hat in seinem Reisejournal in trockenen Worten eine der frühesten, aber bereits charakteristischen Begegnungen zwischen Weißen und Aborigines festgehalten:

> Wir ankerten gegenüber einem Dorf mit etwa acht Hütten und beobachteten, wie eine alte Frau mit drei Kindern Brennholz aus dem Wald brachte. Alle waren vollkommen nackt. Die alte Frau schaute des Öfteren gleichgültig zu unserem Schiff hinüber. Sobald sie ihr Feuer angefacht hatte, bereitete sie ganz ruhig und ohne Eile das Essen zu. Wir machten die Beiboote fertig, aber als wir uns dem Land näherten, tauchten zwei Männer auf und versuchten, uns am Aussteigen zu hindern. Captain Cook warf ihnen Nägel und Glasperlen zu. Sie schienen zufrieden. Mit Gesten bedeutete Cook, dass wir Wasser brauchten und nichts Böses im Sinn hätten. Sie verstanden und signalisierten uns, auszusteigen. Plötzlich aber kamen zwei weitere Männer hinzu und stritten sich mit den ersten. Wir schossen mit einer Muskete zwischen sie. Darauf ließ einer sein Bündel Lanzen fallen, nahm es aber sogleich wieder auf. Captain Cook befahl, noch einmal zu schießen. Ein älterer Mann wurde am Bein verwundet.

Alle flohen. Die Crew ging nun auf die leeren Hütten zu und ließ bunte Bänder, Glasperlen, Kämme und Spiegel drin liegen. Anderntags kontrollierten die Herren Cook und Banks, ob die Geschenke weg waren. Sie lagen noch da. Niemand hatte sie genommen. Captain Cook hisste täglich die englische Fahne am Strand und ließ den Namen unseres Schiffs sowie das Datum in einen Baum ritzen.

Cook schreibt ins Tagebuch: »Hier in der Botany Bay kann jede Art von Getreide wachsen. Im Moment steht viel Bauholz herum, und es wächst so feines Gras, wie ich es noch nie sah.«

Auf der Fahrt nach Norden kartografierte er die ganze Ostküste Australiens und gab dem riesigen, den Europäern noch wildfremden Gebiet den Namen New South Wales. Die nördliche Halbinsel – gegenüber dem heutigen Papua-Neuguinea – taufte er Cape York. Cook hatte das große Land für die englische Krone entdeckt und beschlagnahmt. Achtzehn Jahre später landeten in Port Jackson die ersten englischen Sträflingsschiffe.

Englische Sträflinge Down Under entsorgt

Eliza Frasers Befreiung aus der »Gefangenschaft« bei den Aborigines durch einen Bushranger ist der unbezweifelte Anfang ihrer Abenteuerchronik. Dieser Sträfling spielt bei allen modernen Deutern der Heldin eine besonders gewichtige Rolle. Bei einigen mutierte er sogar zur mythischen Figur des australischen Pioniers und Kämpfers gegen die englische Kolonialadministration. Die verworrene Errettungsfama der gestrandeten Britin steht in engem Zusammenhang mit der verwunderlichen Besiedlung des fünften Kontinents.

Sydney: Ecke Bridge Street und Phillip Street – dort, wo der erste Gouverneur von New South Wales, Arthur Phillip, sein bescheidenes Backsteinhaus aufstellen ließ – steht heute eines der wichtigen Museen der Welt, das Museum of Sydney (MoS). Wichtig nicht nur, weil der 1996 eröffnete Bau kulturelle Zeugnisse der Ureinwohner und zweihundert Jahre alte Bauelemente der ersten weißen Siedler in großzügig-gläserner Architektur vereint. Sondern auch politisch brisant, denn die Museumsleute stellen selbstkritisch die Frage, was denn in den ersten Jahren der Kolonie schief gelaufen ist und wie, wo und weshalb gefehlt wurde. Anlässlich der Museumseröffnung feierte die australische Architekturzeitschrift *Monument* daher nicht nur den gewagt-gelungenen Bau, sondern formulierte auch die prägende Idee:

> Heutige Australier sind sich der langen Besiedlungsgeschichte des Landes und der erst kurz dauernden weißen Besetzung wohl bewusst. Das Museum versucht, beide Vergangenheiten miteinander zu versöhnen: die jähe Bedrohung der Aborigines durch die weißen Siedler – Sträflinge, Kapitäne, Soldaten und Matrosen –, die sich meist gegen ihren Willen auf einen Kontinent geworfen sahen, den keiner verstand und der ihnen auch völlig egal war.

SEILZIEHEN IM LONDONER PARLAMENT

Die erste britische Akte über Transporte von Gefangenen stammt aus dem Jahr 1717. Sie regelt den Arbeitseinsatz von Übeltätern im fernen Amerika:

> In manchen amerikanischen Kolonien und Pflanzungen Seiner Majestät, des britischen Königs, besteht ein großer Mangel an Arbeitskräften, die, sinnvoll eingesetzt, mit ihrem Fleiß den Wert besagter Kolonien und Pflanzungen erhöhen und so der Nation nützlich sein könnten.

Jahrzehntelang gehörte es in England zur Gerichtspraxis, bestimmte Straftaten mit Verbannung zu ahnden. Allein in der Zeit von 1769 bis 1775 wurden jährlich etwa tausend Gefangene nach Nordamerika deportiert und dort für die Zeit ihres Strafmaßes an Meistbietende vermietet. Nach der britischen Niederlage in den Unabhängigkeitskriegen weigerten sich die Amerikaner, weiterhin britische Kriminelle aufzunehmen. Die englische Regierung indes – ohne Sinn für die politische Realität – hoffte, der amerikanische Markt sei bloß vorübergehend blockiert, und verfiel auf die befremdliche Idee der befristeten Gefangenenverwahrung: Man beschloss, heruntergekommene Schiffe in großer Zahl aufzukaufen und auf der Themse sowie in einigen Häfen zu stationieren. Die Sträflinge männlichen und weiblichen Geschlechts sollten dort eingepfercht warten, bis sich irgendwo ein Absatzgebiet auftat.

Diese Schiffsgefängnisse wurden zum öffentlichen Ärgernis, als industrielle und landwirtschaftliche Revolutionen um 1780 die Arbeitsbedingungen radikal umkrempelten. Als Folge der Arbeitslosigkeit stiegen die Festnahmen wegen Kleinkriminalität markant an. Hohe Lebensmittelpreise und Hunger schufen eben Diebe.

Die vielen Gefangenen in den überfüllten, luftarmen Schiffsruinen litten an Krankheiten und schlechter Ernährung, meuterten und entliefen, wann immer sie konnten, und drangsalierten die Bewohner in den umliegenden Hafenquartieren.

In dieser Notsituation trat Cooks Reisegenosse Banks auf den Plan, in der Zwischenzeit zum Präsidenten der Royal Society aufgestiegen. Er entsann sich seiner glücklichen Expeditionstage in der Botany Bay und empfahl dem Unterhaus, die Sträflinge weit weg ins abgelegene New South Wales zu verschicken. Die Gegend habe ein mildes Klima, es wachse genügend Gras für die Viehzucht, Fische gebe es im Überfluss, und die wenigen vorhandenen Eingeborenen seien zwar hinterhältig, aber feige. Er war der Meinung, die Schwarzen würden angesichts weißer Siedler ganz einfach Reißaus nehmen. Das Parlament reagierte mit Skepsis auf den Vorschlag, vor allem aus Kostengründen. Die Transporte dauerten mindestens sechs bis sieben Monate, beliefen sich also auf das Sechsfache einer Amerikapassage. Alternativen wurden ausgearbeitet: Kanada, Westindien, Zentralamerika, Afrika, Indien und Sumatra standen auf der Wunschliste. 1784 scheiterten erste Verschiffungen nach Honduras und Neufundland, in Kanada wollten die Siedler keine Verbrecher in ihrer Mitte, Westindien war mit schwarzen Sklaven bereits genügend versorgt, Indien verfügte längst über billigste Arbeitskräfte, und Afrika kam anscheinend wegen des Klimas nicht in Frage.

Im April 1785 befasste sich das Parlament unter Druck erneut mit dem Problem. Ein Ausschuss wurde eingesetzt und mit der Aufgabe betraut, zwei Fliegen mit einer Klappe zu schlagen: Zum einen mussten die anstößigen Gefängnisschiffe verschwinden, zum anderen musste Ersatz für die verlorenen amerikanischen Kolonien gefunden werden. Ein zugezogener Berater, Sir George Young, seines Zeichens Schiffsoffizier, erinnerte die Herren Parlamentarier an James Cook und erklärte:

> Entdeckergeist, Handelstalent und Seefahrtskunst waren immer schon Englands Stärken. Cooks Fahrten dürfen nicht in Vergessenheit geraten, sie sollen nicht vergeblich gewesen sein. Wenn wir jetzt den Besiedlungsplan von New South Wales weiterverfolgen, dann geschieht das zur Ehre Englands und zum Vorteil der menschlichen Rasse.

In der Zwangslage ergriff die Regierung ohne Begeisterung 1786 diesen letzten Strohhalm – die wachsende Zahl der Sträflinge ließ keine andere Wahl.

GESPENSTERFLOTTE STICHT IN SEE

Am 13. Mai 1787 sammelten sich zehn Schiffe auf der Themse und segelten dem offenen Meer zu. Kein Hurra-Geschrei am Ufer, keine offiziellen Abschiedszeremonien. 564 männliche und 192 weibliche Gefangene, Besatzungen, Feldscher, Offiziere, Handwerker, Wachpersonal, mancher mit Frauen und

Kindern – insgesamt etwa tausend Menschen machten sich auf den Weg zum unbekannten Kontinent. Kommandant der Unternehmung war der fast 50-jährige Captain Arthur Phillip, ein Seemann, der bis dahin nicht durch Heldentaten aufgefallen war. Teneriffa, Rio de Janeiro, das Kap der Guten Hoffnung waren die Stationen der damals für gut befundenen Route. Nach neun Monaten und nur wenigen Todesfällen landete der Konvoi am 19. Januar 1788 in der Botany Bay.

Was Captain Phillip und seine erschöpften Schutzbefohlenen vorfanden, entsprach keineswegs den begeisternden Schilderungen. Vergeblich suchten sie nach frischem Wasser, der Boden erwies sich als sumpfig, das Gras als ungenießbar für die mitgeführten Kühe, Schafe und Ziegen, die Bucht als zu eng für tausend Bewohner. Phillip musste handeln. Mit der ganzen Armada nach Norden weiterziehen konnte er nicht, denn die Botany Bay war als Ziel mit England vereinbart worden, und Phillip war angewiesen auf Nachschub aus der Heimat. Zwei Tage nach der Landung erkundete er die Küste in der näheren Umgebung. Es war früher Nachmittag, als die ausgesandten drei Beiboote den Eingang zu Port Jackson fanden – von Cook auf der Karte zwar eingezeichnet, aber nicht weiter erforscht. Phillip fuhr mit wenigen Offizieren in den Hafen hinein und stieß auf ein riesiges Gebiet geschützten Wassers, einen Naturhafen, so groß, dass sie ihren Augen nicht trauten. In einer der Buchten entdeckten sie einen kleinen Fluss, hohe Bäume als Bauholz, Gras für die Tiere: ein idealer Siedlungsplatz. Phillip steckte den Fahnenmast in die Erde und hisste den Union Jack. Es war der Tag eins der englischen Siedlung, später benannt nach dem britischen Innenminister Thomas Townshend, dem ersten Viscount of Sydney.

Endlich das Patentrezept, mag die englische Regierung sich gedacht haben. Die Gefangenentransporte wurden in den folgenden Jahren zum Heilmittel gegen unerwünschte Elemente, und gleichzeitig konnte man kaum mehr seetüchtige Segler auf ihre letzte Reise schicken. 1790 schrieb ein Begleitoffizier: »Der Sklavenhandel war barmherzig im Vergleich zu dem, was ich hier erlebte.« Ob die Gefangenen den Transport überstanden, interessierte die Obrigkeit nicht. Die Kapitäne witterten Profit, wenn sie die Rationen auf ein Minimum beschränkten. Oft ließen sie die Sträflinge während der ganzen Fahrt angekettet unter Deck. Starb einer, vertuschten es die anderen, um so lange wie möglich von der Zusatzration zu profitieren.

Bald mussten die Sträflingssiedlungen verdrei- und vervierfacht werden. 25 Jahre nach Ankunft der ersten Häftlinge ließ Gouverneur Thomas Brisbane das Gebiet nördlich von Sydney auf Siedlungstauglichkeit prüfen. Besonders günstig schien die Moreton Bay, 460 Seemeilen entfernt an der Mündung des Brisbane-Flusses gelegen und mit dem Schiff in wenigen Tagen von der Hauptstadt her erreichbar. Im September 1824 landeten dort die ersten dreißig Gefangenen zusammen mit dem Kommandanten, seiner Familie, vierzehn Aufsehern, Soldaten, Ziegen, Schafen, Schweinen, Federvieh, einem Gartenspezialisten und dem Hauspersonal. Der Verantwortliche für die Vorräte amtete gleichzeitig als Feldscher. Ihm oblag es, die schweren Verwundungen zu kurieren, die den Gefangenen durch Peitschenhiebe regelmäßig zugefügt wurden.

Bereits am 21. Oktober 1824 schrieb die *Sydney Gazette*, das hügelige Land am Brisbane-Fluss sei für den Anbau von tropischen Früchten sehr günstig und die Schwarzen der Gegend von derart athletischer Statur, dass ihnen die harte Feldarbeit zusammen mit den Sträflingen ohne weiteres zugemutet werden könne. Kurze Zeit später waren die Häuser für den Kommandanten und die Offiziere, die Vorratsgebäude, die Hütten für die Soldaten und die Baracken für die Gefangenen bezugsbereit.

Die Verbannung nach Moreton Bay war gefürchtet, die Kommandanten dort galten als willkürlich und grausam. Die britischen Regierungsstellen wählten meist Militärs, die sich auf Kriegsschauplätzen ausgezeichnet hatten, befehlsgewohnte und rücksichtslose Haudegen. Dank einer damals schon kritischen australischen Presse wurden die schlimmsten Exzesse dem Publikum vor Augen geführt. Als 1830 ein Moreton-Sträfling zur Exekution wegen Mordes nach Sydney gebracht wurde, fand sich in seiner Zelle ein Tagebuch. Der Text wurde im *Sydney Monitor* veröffentlicht:

> Alle Aufseher und Polizisten hier im Lager sind eine Horde von Tyrannen, wie man sie sich auf einem Fleck nicht vorstellen kann. Wird einer erwischt, der in den Busch fliehen will, bekommt er zweihundert Peitschenhiebe. Als ich das letzte Mal hundert bekam, war es für eine Bagatelle. Nach 75 musste sich der Auspeitscher ausruhen, ich wurde angebunden, und das Blut rann mir über die Hose. Dann musste ich mich in die Sonne legen, bis das Blut trocken war, und die Hiebe begannen aufs Neue. Einmal wurde auch ein Aufseher ausgepeitscht, weil er uns Häftlinge nicht genügend bestraft hatte. Nach hundert Hieben sagte er: »Das hilft doch nichts.« Als das der Captain hörte, schrie er: »Bindet ihn wieder an, er bekommt nochmals fünfzig.« Einmal sah ich, wie ein Aufseher einen Häftling mit einer Schaufel totschlug. Zehn Leute standen dabei, keiner wagte zu mucken aus Angst, auch er werde totgeschlagen. Ein anderer wurde mit einem Stock geprügelt, bis er im Lazarett starb. Wir mussten um vier morgens aufstehen und arbei-

> teten bis um sieben oder acht abends. Ein halbes Pfund Brot täglich war unsere Nahrung. Und davon erwarteten die Aufseher noch ein Stück. Viele von uns verhungern in ihren Zellen. Wenn wir dann einen Maiskolben stehlen, werden wir ausgepeitscht. Einige sah ich auch bei der Arbeit sterben, kaputt von Misshandlungen und vom Hunger. Aus Schwäche können viele kaum mehr gehen, sie schleppen sich auf allen vieren. Einmal, in einem Wutanfall, befahl der Kommandant, sämtliche Krüppel des Lagers heranzubringen. Er ließ sie einzeln peitschen. »Zeig mir deinen Rücken«, sagte er dann zu den Opfern. Und wenn der nicht blutig war, bekam er noch fünfzig oben drauf.

Einiges Glück hatten jene Gefangene, denen die gefährliche Flucht in den Busch gelang. Sie schlugen sich durch zu den umliegenden Stämmen der Aborigines und versuchten, mit ihnen zu leben. Wenn solche »Bushrangers« – wie sie genannt wurden – nicht einem Verrat zum Opfer fielen oder aus Erschöpfung umkamen, blieben sie häufig Jahre, manchmal ihr Leben lang bei den Aborigines, eigneten sich ihre Sprache und Sitten an und verlernten häufig den Umgang mit ihrer eigenen Kultur.

Einem solchen Bushranger, einem Iren namens John Graham, verdankt die englische Kapitänsfrau und Abenteurerin Eliza Anne Fraser ihr Leben, die Sträflingssiedlung in Moreton Bay wurde zu ihrer Rettungsstation. Von dort machte sie sich auf nach Sydney.

BUSHRANGER JOHN GRAHAM

Dundalk, heute Dùn Deagan: ein Provinzhauptort südlich von Belfast in Nordirland. Dank des irischen Schriftstellers und Zeichners Robert Gibbings, der vor mehr als siebzig Jahren in allen erreichbaren Archiven nach John Graham gesucht hat, wissen wir, dass am 4. März 1824 in Dundalk Markt- und Gerichtstag war, das Städtchen voller Menschen und Betrieb.

Aus allen Dörfern der Umgebung sind sie gekommen, die Pferdewagen dicht bepackt mit ganzen Familien, Kind und Kegel, und nun drängt sich alles vor dem Gerichtsgebäude – von der englischen Obrigkeit im Stil eines griechischen Tempels hingepflanzt. Die Herren Richter – alle natürlich Engländer – betreten im Schmuck ihrer imposanten Perücken den Verhandlungssaal. Vor ihnen steht ein knappes Dutzend Delinquenten, arme Bauernjungen. Sie haben Enten oder ein paar Heringe gestohlen, Zehnpfennigmünzen oder ein Stück Torf entwendet. Die Zeugen werden hereingerufen. Einer, der Sohn des Seilers, weist mit dem Finger auf den zierlichen John Graham, 24 Jahre alt, einzige Stütze einer mausarmen Witwe. »Der war's«, schreit er, »ich habe mit eigenen Augen gesehen, wie er unser Hanfgarn gestohlen hat, die Stränge in eine Schürze band und unter Steinen am Fluss versteckte.« Vom Seiler bestochen, findet der Dorfpolizist das Versteck und damit den Dieb. Das reicht für sieben Jahre Zwangsarbeit in Neu-Holland. Die Strafe wird im Namen des englischen Königs ausgesprochen. Noch wenige Jahre zuvor wäre Graham für sein Vergehen gehenkt worden. Der Transport ins ferne Sydney muss dem jungen Mann beinahe als Gnade erscheinen.

Für die Rückblende auf die Anfänge der englischen Kolonie im unbekannten Erdteil ist John Graham ein Glücksfall. Nicht nur, weil ihn das Los traf, Eliza Fraser aus der Hand der Aborigines zu befreien, sondern weil er auch lesen und schreiben konnte und scharfsichtige Berichte zu Papier brachte über sein Sträflingsdasein und später das Bushrangerleben im Kreis von australischen Schwarzen. Solche frühen Dokumente aus der Sicht von Geknebelten, die sich nicht kleinkriegen ließen, sind selten und brisant für den Werdegang der Kolonie. Diese Ausreißer aus den Sträflingslagern, die in den Busch flohen und sich draufgängerisch durchschlugen, stehen noch im heutigen Australien hoch im Kurs. Sie sind die sagenumwobenen Helden, die der einstigen britischen Herrschaft die Stirn boten. Ihre Waghalsigkeit ist Sinnbild für die Freiheit und Unabhängigkeit des modernen Staats. Ohne den ungebrochenen Respekt vor Bushrangern wäre die Fraser-Story Ende des 20. Jahrhunderts nicht erneut in die Schlagzeilen gerückt, als die australische und überseeische Kunst- und Kulturwelt die zwielichtige Eliza unerwartet zur Heldin erkor.

Als John Graham seinen Hanf-Diebstahl begeht, steht Irland unter weit härteren Gesetzen als das Mutterland. Englischen Sträflingen nämlich, die nach dem Gerichtsurteil im Gefängnis ihrer Verschickung harrten – häufig dauerte das monatelang –, wurde die Wartezeit angerechnet. Nicht so den Iren. Für sie begannen die Jahre der Verurteilung erst mit der Abreise ins unbekannte Land. Neun Monate verbringt John Graham in einem Verlies in Dundalk, bis er zusammen mit anderen Delinquenten endlich auf ein Boot verfrachtet wird. In Dublin stoßen weitere Gefangene dazu, schließlich sind es 195 Mann, die sich mit ihren Bewachern im Hafen von Cork auf der *Hooghly* einschiffen. Die Regierung hat den 400-Tonnen-Segler eigens für den Transport gechartert, am 5. Januar 1825 geht die Reise los. Schon am 24. April meldet die *Sydney Gazette*:

> Gestern landeten hier die Passagiere der *Hooghly*. Sie wurden von Ihrer Exzellenz, dem Gouverneur, begutachtet und dann über die ganze Provinz verteilt. Im Großen und Ganzen sahen die Männer gut aus und wirkten zufrieden. Diese Tatsache allein schon spricht Bände über die Gut-

mütigkeit der Richter, die Verfehlungen solcher Delinquenten zu prüfen hatten.

Australische Siedler konnten gegen geringes Entgelt Sträflinge als Arbeitskräfte mieten. Diese Form des Menschenhandels war allseits beliebt. Zur Zeit, als John Graham in Sydney ankam, machten die Häftlinge mehr als die Hälfte der weißen australischen Bevölkerung aus. Nur dank ihnen war dem kolonialen Abenteuer Erfolg beschieden. Glück hatte, wer einen anständigen Arbeitgeber traf. John Graham hatte Pech, er geriet an einen notorischen Bankrotteur, der sich dank billigster Belegschaft über Wasser hielt. Nach einigen erfolglosen Firmengründungen erhoffte er sich den Aufschwung mit einem privaten Kutschenbetrieb, der verschiedene Teile der wachsenden Stadt miteinander verbinden sollte. Dazu mussten erst Straßen gebaut werden, und Graham wurde einer streng überwachten Bauequipe zugeteilt. Die Aufseher ermahnten ihre Leute mit Peitschenhieben, wenn sie sich von der Arbeit in sengender Sonne kurz ausruhten. Der willkürlichen Behandlung solcher Zwangsarbeiter waren keine Grenzen gesetzt. So argwöhnte der Patron eines Tages, acht seiner Sträflinge hätten sich an seinen Schnapsvorräten gütlich getan: Grund genug, die Sünder an den Staat zurückzugeben. Vermutlich gehörte Graham zu den acht Verdächtigen, denn kurze Zeit später wurde er erneut wegen kleiner Diebereien zu sieben Jahren Zwangsarbeit verurteilt, diesmal zu verrichten in der Moreton Bay, dem gefürchteten Sträflingslager.

Ende Dezember findet sich Graham im Bauch eines Schoners, angekettet mit vierzig Mithäftlingen. Die Männer tragen Fesseln von Fußgelenk zu Fußgelenk, die ganze Reihe durch. An jedem Ende ist die lange Eisenkette oben an Deck verschraubt. Keiner der Gefangenen kann sich auch nur um wenige Zentimeter bewegen, die Schifffahrt dauert sechs Tage lang.

Nur gerade ein halbes Jahr erträgt Graham das Leben im Lager. Als er eines Tages zusehen muss, wie ein anderer Häftling mit einem stets enger gezogenen, eisenspitzenbesteckten Halsband zu Tode gefoltert wird, wagt er die Flucht. Wochenlang schlägt er sich mutterseelenallein durch, immer tiefer in den Busch, immer Richtung Norden. Er hofft, irgendwo an die Küste zu gelangen und ein Boot zu finden, das ihn nach China bringt. China war die Traumstation vieler Bushranger, weil sie von Teeschiffen wussten, die von dort nach England zurückfuhren.

Er ernährt sich von Beeren, Yams und sonstigen Wurzeln, erlegt Vögel mit der Steinschleuder, kommt im Dickicht des Urwalds nur schwer voran. Nach Monaten erst trifft er auf Spuren von Aborigines, stößt plötzlich auf Bäume, deren Rinde abgeschält ist oder die eingekerbte Stufen aufweisen – eine Art Leiter, auf der man zu Honigwaben oder Vogeleiern gelangen kann. Graham beschreibt später, wie er schließlich eine Gruppe von Schwarzen getroffen habe, die ihn völlig entgeistert anstarrten. Seine weiße Haut bedeutete ihnen, dass er als Geist aus dem Totenreich zurückgekehrt ist:

> Diese Leute glaubten, dass die weißen Menschen Geister der Verstorbenen seien. Wenn sie nämlich ihre Toten verbrannten, dann bemerkten sie, dass die schwarze Haut sich abschälte und eine helle Unterhaut zum Vorschein kam. Sie hatten für den Tod eines Menschen sogar ein passendes Sprichwort: »Er ging weg, um ein weißer Mann zu werden.« Als Weißer hatte ich also Glück, und eine Witwe, die erst kürzlich ihren Mann verloren hatte, nahm mich als dessen Geist bei sich und in ihrer Familie auf. Ich war bei allen Festen und Ritualen dabei, lernte rasch die Sprache. Leider starb meine Frau schon nach kurzer

Zeit. Dennoch blieb ich während sechs Jahren in ihrem Stamm.

Graham lebt das Leben eines australischen Ureinwohners, wandert zusammen mit seiner neuen Großfamilie von Ort zu Ort der spärlichen Nahrung nach, oft über viele Meilen weit, lernt die Jagd, den Fisch- und Walfang, lernt die Jenseitsvorstellungen und die von Dämonen verhängten Gefahren kennen.

Warum er schließlich den Entschluss fasste, nach Moreton Bay zurückzukehren und sich den Behörden doch noch zu stellen, ist nicht bekannt. Bezeugt ist einzig, dass er 1833 dort wieder auftauchte. Er musste zwar seine Jahre im Busch als Strafzeit zusätzlich absitzen, wurde aber dank guter Führung und vor allem wegen seiner genauen Kenntnis der Urbevölkerung in den Rang eines Hilfspolizisten versetzt.

DIE BEFREIUNG

Wie ein Lauffeuer verbreitet sich Anfang August 1836 in Moreton Bay die Nachricht, dass ein Stück weit nördlich der englische Segler *Stirling Castle* auf ein Riff gestoßen sei und die Passagiere als Gefangene bei den Schwarzen lebten, unter ihnen sogar eine Frau, die Witwe des Kapitäns. Sofort schickt der Kommandant unter der Leitung von Lieutenant Charles Otter eine Rettungskolonne los, John Graham wird als Kenner der Szene und als Übersetzer mitgenommen. Grahams ausführlicher Bericht an den Kommandanten ist ein frühes Zeugnis über die Lebensweise und das Denken der Aborigines nördlich des heutigen Brisbane, noch vor ihrer Kolonisierung. Das Schriftstück lehrt aber weit mehr: Es ist die einzige authentische und vollständige Darstellung der komplizierten Rettungsaktion – und dazu noch bildhaft und fesselnd erzählt. Alle späteren Darstellungen von Elizas Befreiung stützen sich letzten Endes auf

Graham, auch wenn sie – aus Sensationslust, kolonialen Interessen oder australischem Nationalstolz – in immer fantastischeren Versionen vorgelegt wurden.

Graham rapportiert dem Kommandanten:

> Sir
>
> Wünschend vor Euer Ehren eine Erklärung abzugeben über die von Euer Ehren aus Menschlichkeit angeordnete Mission, an der ich das Vergnügen hatte teilzunehmen unter dem Kommando von Lieutenant Charles Otter vom 41sten Regiment unseres Königs.
>
> Lieutenant Otter brachte die Nachricht, dass dem Kapitän seine Frau (the Captain his Lady) sowie der erste und der zweite Maat mit noch zweien der Besatzung unter den Wilden im Norden von Brisbane Town überlebten. Wir segelten von Brisbane Town los am Donnerstag, dem 11. August um zwei Uhr nachmittags, mussten in Amity Point die Boote wechseln und ankerten bei Südwestwind Freitag nachts im Norden der Moreton Bay. Als die Boote der Küste nahe kamen, flohen die Eingeborenen. Auf Befehl von Lieutenant Otter ging ich ihnen nach und wollte Informationen von diesen unglücklichen Wilden. Ich nahm eine Kartoffel und ein Stück Brot in die Hand und suchte bis drei Uhr nachts nach ihren Spuren. Schließlich fand ich die Schalen von kleinen Früchten, die sie gerne mögen. Als ich dann einige von ihnen sprechen hörte, trat ich näher und sagte meinen Namen, wie es sich gehört. Sie waren völlig überrascht und – Schreck rund um mich herum – nichts als nackte Wilde, Keulen und Speere in der schwarzen Nacht. Ich trug meine Kleider, war aber sofort ein willkommener Gast, sobald sie mich erkannten. Das Brot und die Kartoffel teilte ich in kleine Stücke. Als Beweis meiner guten Absicht

trug ich keine Waffe bei mir. Ich wollte Bescheid über zwei junge Geister (weiße Menschen) jenseits des Flusses. Versprechen wurden erneuert, und alle meine Kleider und die Tomahawks dazu demjenigen in Aussicht gestellt, der diese zwei, die meine Söhne seien, holen ginge. Einer sprang in sein Kanu, und zu meinem eigenen Schutz musste ich längelang neue Versprechungen machen, bis endlich der ersehnte Augenblick kam und ich Lichter sah über dem Wasser. Die beiden schiffbrüchigen Burschen erschienen tatsächlich wie aus dem Geisterland, ausgemergelt und erniedrigt. Als einer der beiden sagte, die am andern Ufer hätten sie nicht gehen lassen wollen, wusste ich, dass ich den Morgen nicht abwarten dürfe. Neue Versprechen, dass noch an diesem Tag alle mit viel Brot und Kartoffeln im Bauch schlafen würden, bewegten 14 von ihnen, mir die erschöpften Burschen tragen zu helfen und mit ihren Baumrindenfackeln zu leuchten. Ich traf auf Lieutenant Otter, und ihm erzählten die Geretteten dann vom Tod des Captain Fraser und des Officers Brown, und dass die Frau des Kapitäns 40 Meilen von hier noch am Leben sei. Lieutenant Otter setzte nun alles daran, die unglückliche Lady aufzuspüren, und ich sollte – diesmal bewaffnet – der Küste entlang die 40 Meilen zu Fuß suchen gehen. Nachdem wir den Schwarzen 6 Tomahawks, 4 Fischhaken und riesige Mengen von Brot und Kartoffeln gegeben hatten, machten wir uns auf den Weg mit 4 Pistolen. Die 14 Schwarzen begleiteten uns bis zum Punkt, von dem ich wusste, dass sie nicht mehr weiter durften, weil andere hier das Sagen hatten. Ich entließ alle bis auf einen, witterte aber Verrat, als ich sah, dass alle ihre Speere aufnahmen. Richtig: Sie umzingelten mich, warfen die Speere mit großem Geschick nach mir und lachten aus vollem Hals.

Ich schoss zu meiner Verteidigung in die Luft. Sie zogen sich zurück, niemand wurde verwundet. Weil ich fürchtete, sie kämen nun in großer Zahl mit ihren Waffen, ging ich zum Schiff zurück. Tags darauf marschierte ich wieder los, nur mit einer Hose bekleidet und jetzt ohne Waffen. Ich traf auf die Fußspuren von zwei Frauen. Als ich sie einholte, reagierten sie erschreckt. Aber als ich ihnen erzählte, dass es allen ihren Verwandten in der Geisterwelt gut ging, sagten sie mir, dass ein Frauengeist vor wenigen Tagen anlässlich einer großen Festlichkeit hier gewesen sei. Einige Männer hätten den weißen Geist jedoch fortgetragen, um ihn ihren Leuten zu zeigen. Drei Meilen weiter traf ich auf 30 alte Frauen und Kinder. Meine Hoffnung sank, als sie mir mitteilten, die Männer hätten den Geist weit fortgebracht, 40 Meilen nach Südwest von hier, und dass es noch einen weiteren Männergeist gebe, halbtot. Zwei seien bereits gestorben und zwei weitere ertrunken. [...] Ich traf schließlich auf das Gerippe eines Christenmenschen, total abgemagert auf mich zuwankend. Ich durfte nicht auf ihn zugehen, die Wilden hielten mich überall fest. Als sie uns aber sprechen hörten in einer fremden Sprache, wurden sie neugierig. Er zeigte mit seinem ausgemergelten Arm auf mich und sagte kaum hörbar: Ich heiße John Baxter von der *Stirling Castle*. Ich antwortete mit Tränen: Halt noch durch, ich habe ein Schiff für dich. Er wollte nur noch begraben werden oder ein kleines Bisschen Essen haben. Alle die Wilden rund um uns hatten hohle Hungerbäuche. Da sandte mir Gott eine Idee. Geht, holt euch einen Wal drüben an der Küste, da gibt es auch andere Fische. Acht Kanus waren sofort bereit, 18 der grausamsten Schwarzen stiegen ein, mein kranker Bruder und ich dazu, wir setzten über, fanden Fische im Überfluss, mehr, als wir essen konnten, und waren gerettet. Ich sagte dann, weit vorn warteten zwei Kanus auf sie, voller Honig und Tomahawks. Auch seien Geister dabei – ich nannte ein paar Namen ihrer Verstorbenen – sie müssten kommen und sehen. Der Lieutenant empfing uns enttäuscht, weil die Lady nicht da war. Die Wilden waren glücklich, ihre Geister zu treffen. [...] Ich musste wieder los, nahm Abschied, weil ich dachte, mein Tod sei jetzt sicher. Ich wusste mich zwar in dieser Gegend in der Hand eines Stammes, der mir freundlich gesinnt war, einigen galt ich sogar als Vater – oder besser: als Geist ihres Vaters. Die Lady war aber bei einem andern Stamm. Der Lieutenant wollte mich unbedingt begleiten. Ich sagte ihm: »Sir, ich bin nur ein einzelner, mein Leben ist nicht viel wert. Wenn ich in zwei Tagen nicht zurück bin, dann nehmen Sie sich Geiseln und rächen mich.« Er lud mich in sein Zelt ein und gab mir ein Glas Rum. Es gelang mir, zwei meiner schwarzen Söhne zu überreden, mit mir zu gehen. Ich zeigte ihnen zwei Wolldecken, Tomahawks und zwei Äxte. Am Dienstag um elf am 16. August verschwand ich in den Hügeln.

Euer Ehren können hier meine Gedanken lesen und dabei in Betracht ziehen, dass Gottes Arm mir Kraft gab und mir half bei meiner menschlichen Tat. Bald fand ich eine sieben Fuß lange Schlange auf dem Weg. Sie zeigte mir, dass mir Schutz zuteil wurde. Ich begegnete noch keinen Schwarzen. Als ich durch eine Furt schwamm, sah ich einen Mann und eine Frau in ihrem Kanu. Sie waren sehr erschrocken, bis ich ihnen mitteilte, ich sei, abgesehen von meinen Begleitern, ganz allein. Ich riss ein Hosenbein ab und gab es dem Mann als Geschenk. Ich erkundigte mich nach dem Geist meiner verstorbenen Frau, und sie antworteten, ja, es sei ein Frauengeist in der Nähe. Ich erwiderte, ich wolle nichts anderes als meine Frau zurück und mit ihr zur Küste, um dort zu leben. Wenn sie mir dabei helfe, dann bekomme der Mann eine ganze Hose und die Frau soviel Fischhaken, als sie tragen könne. Die Frau meinte aber, der Frauengeist sei die verstorbene Schwägerin des Campältesten. Eine neue Schwierigkeit für mich. [...] Sie führten mich zum Camp. Sofort war ich von kriegerischen Wilden umringt. Meine »Söhne« halfen mir und schrien »Mamba« – den Namen meiner verstorbenen Frau. 400 Schwarze standen um uns, alle mit ihren Speeren. Der Campälteste fand, es sei schade, den Geist ziehen zu lassen. Andere aber waren der Meinung, die zwei Geister – sie und ich – gehörten zusammen. Sie führten mich zu einer Hütte – und was sehe ich? Das Gesicht einer Christin! Ich glaubte, den Verstand zu verlieren vor lauter Freude, und ich war meinen schwarzen Freunden dankbar. Ich gab ihr meine Hand und hieß sie mit mir kommen. Vom Himmel erbat ich mir die Stärke, diese Unglückliche auch wirklich anzuschauen, überlebte sie doch im schlimmsten Elend, das man sich ausmalen kann. Wenige Monate erst ist es her, dass sie im Überfluss existierte – und jetzt ist sie dazu verdammt, die Abfälle dieser Erde zusammenzukratzen. Sie muss auf ihren sonnenverbrannten Schultern Holz tragen, die zarte Haut hängt in Fetzen herunter. Sie ist gezwungen, auf ihren zerschundenen Füßen zu hoppeln, um Wasser zu holen. Und was bekommt sie dafür? Die Innereien einer Schlange oder eines Fischs – das Gute daran wurde in ihrer Abwesenheit bereits verzehrt. Hiob musste sogar weniger erdulden. Sie nahm meine Hand, und wir gingen durch ein Spalier von Schwarzen. Ein Kanu wurde gebracht, und wir überquerten den See. Auf ihrem Kopf trug sie einen zerfetzten Südwester. Wegen seines Farbgeruchs wollten ihn die

Schwarzen nicht haben. Um ihre Lenden trug sie die abgetrennten Beine und den Bund einer alten Hose, die auch Teile ihrer Oberschenkel bedeckten. Darüber hatte sie einen Gürtel von Kletterpflanzen geflochten – aus Anstand und zum Zweck, darin ihren Ehering und ihre Ohrringe zu verbergen, das einzige, das ihr die schwarzen Hände nicht wegnehmen konnten. Schließlich gelangten wir zum Strand, die Lady hatte ich gebeten, an einem Wasserloch zu warten. Lieutenant Otter kam uns mit solcher Hast entgegen, dass die Schwarzen erschraken. Ich erbat von ihm Kleider für die Lady. Er klatschte in die Hände, und seine Leute kamen mit Frauensachen. Ich ging zurück, um sie auf die Begegnung vorzubereiten. Zum ersten Mal seit Wochen nahm sie ihren Pflanzengürtel ab, den ihr der verstorbene Gatte umgelegt hatte. Ich bitte hier Euer Ehren, einige traurige Begebenheiten auslassen zu dürfen aus Rücksicht auf diese erstaunliche Lady, deren Elendsgeschichte keine Vergleiche kennt. [...] Am 19. August stachen wir in See und kamen am 22. August nach Moreton Bay zurück.

Ich hatte das Vergnügen, Euer Ehren die Unglücklichen zu übergeben. Dank meiner Kenntnis der Küste und der Eingeborenen, unter denen ich von 1827–1833 lebte, gelang die Mission.

Ihr getreuer und untergebener Diener
John Graham

Ein halbes Jahr später, im Januar 1837, wurde der einstige Bushranger begnadigt und mit einer Summe von zehn Pfund entschädigt, bezahlt aus der Schatulle der Armee. Was weiter mit ihm geschah, weiß niemand.

Wer ist Eliza Fraser?

Für die Nachwelt, erpicht auf koloniales Heldentum, beginnt Eliza Frasers Leben erst mit dem Schiffbruch. Jede Spurensuche nach ihrer Herkunft oder ihren frühen Jahren verlief bisher im Sand; weder Geburtsurkunde noch Taufschein sind entdeckt worden. Als sie am Great Barrier Reef Schiffbruch erleidet, ist sie nach eigener Angabe 38 Jahre alt und mit ihrem Mann, John Fraser, dem 54-jährigen, kränkelnden Kapitän des 500-Tonnen-Seglers *Stirling Castle*, auf dem Rückweg von Sydney nach Singapur. Das Schiff hatte Auswandererfamilien und Fracht von London nach Tasmanien gebracht und sollte in Singapur ostasiatische Exporte für England mitnehmen.

John Fraser stand nicht im Ruf eines gewieften Seefahrers. Bereits fünf Jahre zuvor hatte er ein Schiff auflaufen lassen, damals nahe der Torres Strait zwischen Australien und Neuguinea. Damals war er ohne seine Frau unterwegs gewesen. Fraser bejammert den Schiffsverlust in einem larmoyanten Trauergedicht, gerichtet an die zurückgebliebene Eliza. Es sind kümmerliche Zeilen des Selbstmitleids sowie der Klage über den Tod zweier Lämmer, einer Katze und eines geliebten Papageis. Die ersten Zeilen des Poems lauten:

My heart is sick, and bones are sore,
As I'm tossed on the raging sea,
My anxious mind can find no rest,
Thinking, my dear, on thee.
Through travelling far in search of gain,
Our toils are all in vain,
Our good-like barque's wrecked on a reef,
And there she must remain.

*

Mein Herz ist krank, meine Knochen wund
Vom Schlingern über die See.
Mein banger Geist nicht Ruhe findt
beim Gedanken an dich, mein Lieb.
Wir fuhren weit fort und nach Gewinn,
Doch sinnlos all die Müh'n:
Das schöne Schiff am Riff zerschellt,
Kann nie mehr weiterziehn.

Das zweite Mal strandet Fraser etwa 1000 Meilen südlich der Torres Strait, und wieder war ihm ein Korallenriff zum Verhängnis geworden. Weshalb Eliza ihren Mann auf dieser Reise begleitet hat, erklärt sie später mit seinem Magen- und Leberleiden: Sie muss ihm beistehen, er bedarf ihrer Pflege. Ebenso denkbar ist aber, dass sie endlich die große fremde Welt mit eigenen Augen sehen will, denn ihr Alltag hoch oben im Norden verläuft eintönig. Die Frasers haben ihren festen Wohnsitz in Stromness, einem Fischerstädtchen auf den Orkney Islands nördlich von Schottland. Dort lässt Eliza die drei Kinder, die fünfzehn Jahre alte Jane, den elfjährigen James und David, der erst sechs ist, in der Obhut eines Pfarrers zurück. Und zwar, wie sich herausstellen wird, mit einem Minimum an finanzieller Unterstützung. Als Eliza später in London zu Berühmtheit gelangt, beklagt sich der Pfarrer bitter über die Not der Kinder. Beim Lebensmittelhändler stehen sie tief in der Kreide. Es scheint, dass die Mutter ihrer halbwüchsigen Tochter den ganzen Haushalt zumutete und den Pfarrer allenfalls bat, hin und wieder nach dem Rechten zu sehen.

Dies also ist die verbürgte Ausgangslage des Fraser-Dramas, einer Geschichte, die sich seit Eintreten der Katastrophe bis zum heutigen Tag immer mehr aufplustert, weil die Heldin sowohl aus der historischen, ethnologischen, soziologischen, sozialpsychologischen und feministischen Ecke scharf beobachtet wird und ebenso verschiedene Kunstzweige in Atem hält, die sie zu stets kühneren Deutungen ermuntert.

Es gibt nur wenige glaubwürdige Antworten auf Fragen zur Person von Eliza Fraser. Deshalb stehen den fantasievollen Spekulationen, psychologischen Interpretationen und Legendenbildungen Tür und Tor offen.

War Eliza etwa eine schottische Adlige? Eine Bauerntochter aus Derbyshire? Oder wurde sie gar in Ceylon in eine englische Kolonialfamilie geboren? Alle drei Möglichkeiten finden sich in verschiedenen Aufsätzen und Abhandlungen ernsthaft, jedoch ohne Ergebnis diskutiert. Vor wenigen Jahren durchstreifte eine australische Forscherin sogar mehrere Monate lang Sri Lanka, weil irgendwo das Gerücht aufgetaucht war, Eliza habe dort ihre Jugend verbracht. Die Professorin wollte den entscheidenden »quälenden Anhaltspunkt« (tantalizing clue) in den Archiven aufstöbern – ohne Resultat.

Weshalb ließ Eliza ihre Kinder in Stromness zurück? War sie eine schlechte Mutter? Selbstsüchtig? Begierig auf Abenteuer? Wie verhielt sie sich während der Katastrophe? War sie herrisch, hysterisch, eigensüchtig, schwach? Wie wirkte sie in Sydney und London auf ihre Umgebung? Als Schwindlerin, Hochstaplerin,

Verführerin? Oder schien sie im Gegenteil bereit zur Selbstaufgabe für ihren schwächlichen Ehemann, großherzig, großmütig, die vorbildlich Leidende?

DIE KAPITÄNSFRAU LIVE

Trotz der Verwirrspiele gibt es die Aussicht, Eliza näher zu kommen, ihr tatsächlich sogar gegenüberzutreten und durch den Staub hindurchzublicken, den sie seit 170 Jahren aufwirbelt. Wie wenige andere Frauen damals spiegelt nämlich die bei den »Wilden« gestrandete Weiße die Anliegen und Haltungen ihrer Zeit: die Festigung der europäischen Expansion in Übersee sowie die Bedenkenlosigkeit und Herablassung der Kolonisten im Umgang mit den Einheimischen.

Sämtliche Berichte und Dokumente, die zu Elizas Lebenszeit über sie verfasst wurden und von ihren Taten während und nach dem Schiffbruch handeln, alle Würdigungen oder Verurteilungen ihrer Person, alle Schriftstücke, in denen sie selbst zu Wort kommt, spielen vor ein und derselben Kulisse: den weit entfernten, gefahrvollen Eroberungsgebieten, wo Kühnheit den nationalen Stolz blähte und das Leiden einer Frau die kolonialpolitische Härte rechtfertigte. Und wenn Eliza öffentlich getadelt wird, dann in jenen Fällen, wo sie anscheinend dem Heldenanspruch nicht gerecht wird.

Eliza live: Ein Porträt, gezeichnet entlang den Texten von Autoren – ohne Ausnahme Männer –, die sie persönlich gekannt und erlebt haben, mit denen sie zusammengesessen und gesprochen hat, denen sie Interviews gewährte. Erinnerungen von Matrosen auch, die mit ihr auf der *Stirling Castle* segelten und beobachteten, wie sie agierte. Eine Menge von dokumentarischen Aufzeichnungen über Eliza ist erhalten, unterschiedlichste Zeitgenossen gaben Auskunft: Militärs, Journalisten, Seeleute, hohe und niedrige Beamte, ihr zweiter Ehemann.

Ein Porträt, aber keine Biografie, da fehlen die Daten. Die Konturen einer Frau, deren Denken und Handeln sich im Grunde nie einen Schritt von ihrer Heimat – England – entfernten. Eine Britin, die erwartete, noch in fernsten Zonen das Vertraute zu finden, und überrumpelt wurde vom Unvertrauten, das sie nicht ertrug.

ORKNEY ISLANDS

Ob Eliza auf den Orkney Islands – weit oben an der Nordspitze Schottlands – geboren wurde und aufwuchs oder ob sie sich erst dorthin verheiratete, tut wenig zur Sache. Wichtig und bezeugt ist, dass sie in Stromness auf der Hauptinsel der Gruppe mit ihren drei Kindern lebte, verehelicht mit einem Charter-Kapitän, der im Auftrag verschiedener Reeder Waren rund um die Welt transportierte. Nachgewiesen ist auch, dass sie mit dem Brauchtum der Gegend bestens vertraut war.

Die Orkneys liegen 50 Meilen südlich von Grönland, und bloß ein Drittel der ungefähr siebzig Inseln ist bewohnt. Zwanzigtausend Menschen zählte der letzte Zensus Anfang der neunziger Jahre. Noch heute ist der Dialekt der Orkney-Islanders mit altnorwegischen Brocken durchsetzt.

Aberglaube ist – wie schon zu Elizas Zeit – immer noch die Würze des Lebens in dieser unwirtlichen Gegend, wo die Dunkelheit den Jahresablauf dominiert. Besonders um die Stationen Heirat, Kindbett und Tod schlingen sich Rituale der Geisterbeschwörung zu Schutz und Sicherung. Heirat und Kindbett hat Eliza auf den Orkneys erlebt, einige der Zeremonien waren ihr bekannt, wie sich später zeigen wird.

Die Heirat ist für Frauen auf Orkney das entscheidende Ziel, denn Unverheiratete müssen traditionsgemäß zu Hause die Arbeiten und die Pflege übernehmen. Bereits im Kindesalter befassen sich die Mädchen mit allerlei Weissagungen, sie suchen

Haarfarbe, Stimme und Wohnort des Zukünftigen zu ergründen. Lichtmess, Mittsommer und Halloween sind die entscheidenden Daten, an denen ein Blick auf den noch Unbekannten möglich ist. Da werden Krähenflüge analysiert, Strohhalme in glühende Torfstücke gesteckt oder glimmende Kohlen mit der Hand in einen Wasserkessel oder eine Urinschale geworfen und – erkaltet – unter der Schwelle vergraben.

Heiratsfeiern sind Mittelpunkt des sozialen Lebens, sie dehnen sich über Tage aus, finden meist im Winter statt und immer bei wachsendem Mond und steigender Flut. Wichtigster Teil ist die *speirin-* oder Frage-Nacht. Da sucht der Bräutigam, mit einer Whiskyflasche bewehrt, den künftigen Schwiegervater auf und bittet bei gemeinsamer Leerung der Pulle um die Hand der Tochter. Darauf folgt die so genannte Kontrakt-Nacht. Alle Verwandten und Freunde des Paars versammeln sich, Bräutigam und Bestman ziehen zum Registerbeamten und schreiben ihre Namen ein, die andern Männer gehen zum Pfarrer und zahlen der Kirche das vereinbarte Kontraktgeld.

Während der eigentlichen Hochzeitsfeier dann stehen drei große, hölzerne, handgeschnitzte Trinkbecher – in der Regel kostbare Erbstücke – im Zentrum des Geschehens: einer für den Bestman, einer für den Pfarrer und einer für die Braut. Der Brautbecher wird erst gegen Ausklang der Nacht gefüllt mit einem Gebräu aus heißem Ale, Whisky, Gin, Brandy und Eiern. Die Braut trinkt als Erste, nach ihr alle andern. Es ist das Ende der Nüchternheit und das Ende des lang dauernden Fests.

Vor allem aber Vorgänge rund um die Geburt sind auf den Orkney-Inseln mit Zauber, Verboten, Vorsichtsmaßnahmen und magischen Praktiken umgeben, um Mutter und Kind zu schützen. Dazu gehört als oberstes Gebot, dass die Schwangerschaft so lange als möglich verborgen bleibt, um die bösen Geister nicht auf das erwartete Kind aufmerksam zu machen. Die

Schwangeren dürfen weder Kinderkleider noch Wiegen vorbereiten. Zur Abwehr von rachsüchtigen Geistwesen liegen während der Geburt stets ein Messer und eine Bibel unter dem Bett greifbar. Ein krankes Neugeborenes gilt als Geisterbastard. Der gesunde Teil des Kindes ist ganz einfach entflohen, so der Glaube, und zurück bleibt der böse Geisterteil, der eben sterben muss. Wenn Eliza nach dem Schiffbruch im Rettungsboot tatsächlich ein Kind bekommen hat, das sofort starb – wie sie das viel später in London zu Protokoll gab –, dann wäre sie nicht nur mit dem Verbergen der Schwangerschaft der alten Sitte von Orkney gefolgt, sondern auch ihre Gleichgültigkeit dem Tod des Kindes gegenüber erschiene verständlich.

VON LONDON NACH SYDNEY

Am 22. Oktober 1835 lichtet die *Stirling Castle* in den St.-Katharine's-Docks des Londoner Hafens den Anker und startet themseabwärts. Das Schiff hat zwei Auswandererfamilien an Bord und einige hundert Tonnen Fracht, unter anderem neunhundert Fass Bier: Pale Ale. Bereits nach kurzer Fahrt passiert dem Kapitän ein Ungeschick, das Schiff rammt ein kleineres Boot und zersplittert dabei backbord einen seiner Masten. Das bedeutet Reparaturen in Greenwich, aber noch schlimmer: Ein missglückter Start galt als böses Omen. Nach drei Tagen Verzögerung beginnt schließlich die fünf Monate dauernde Reise: Rio de Janeiro, das Kap der Guten Hoffnung, Hobart, Sydney, die üblichen Stationen auf der Fahrt nach Neu-Holland. Über den Verlauf der Reise, über Querelen des Kapitäns oder Elizas mit der Crew findet sich nichts überliefert. Dokumentiert aber ist, dass von den fünfzehn Männern der Besatzung elf in Sydney dem Schiff den Rücken kehren. Von den vieren, die bleiben, sind zwei mit dem Kapitän John Fraser verwandt: die Neffen John Baxter und John Fraser, der letztere erst dreizehn Jahre alt.

Was ist geschehen? Hat sich ein Großteil der Mannschaft während der langen Monate auf See mit Eliza gestritten und ist deswegen in Sydney von Bord gegangen? Für diese Behauptung gibt es ein einziges, aber aussagekräftiges Zeugnis: die Mitteilungen des Matrosen Harry Youlden, der auf der *Stirling Castle* in Sydney später als Ersatzmann anheuert.

Youldens Bericht aus dem Jahr 1853, der erst vor wenigen Jahren zum Vorschein kam, ist in doppelter Hinsicht aufschlussreich: Erstens wirkt er als Quelle zuverlässig, und zweitens schreibt der Seebär seine Sicht der Dinge eigenhändig und in derber Sprache nieder, so wie ihm der Schnabel gewachsen ist. Alle anderen Mannschaftsmitglieder – auch Eliza selbst – erzählen oder diktieren ihre Fährnisse Drittpersonen. Dadurch geht der persönliche Akzent meist verloren, Verfremdungen oder Veredelungen in Wortwahl und Stil sind unvermeidlich.

Wenige Jahre nach dem Schiffbruch verschwand Youlden von der Bildfläche, er galt als tot, verstorben an einer Herzattacke. Jedoch: Im April 1853 taucht er unvermutet wieder auf, und zwar als Autor. Er publiziert in der angesehenen New Yorker Monatszeitschrift *The Knickerbocker* eine Reportage, betitelt »Shipwreck in Australia«. Detailversessen und anschaulich referiert er den Verlauf des Unglücks. Er scheint persönlich mit Eliza auf Kriegsfuß gestanden zu haben, deutlicher: Er konnte sie nicht ausstehen, weder am Anfang der Bekanntschaft in Sydney noch später. Gleich auf der ersten Seite des Artikels knurrt Youlden:

> Im Oktober 1835 kam ich mit der *Samuel Cunard* nach Port Jackson (Sydney) in New Holland. Die Crew sollte dort ausbezahlt werden, sobald der Kapitän das Schiff günstig verkaufen konnte. Ich blieb solange und heuerte dann auf der großen Brigg *Stirling Castle* an. Die Frau des

Kapitäns war an Bord, und ihretwegen hatten acht Mann desertiert. Sie war ein echter Zankteufel. Aber weil ich meine, dass sie die Tinte nicht wert sei, geschweige denn die Zeit und das Papier, so will ich nur anfügen, dass sie eine fürchterliche Lügnerin war und die lästerlichste, verschlagenste, verrückteste Frau, die jemals lebte. Wirklich, sie kam einem Teufel recht nahe.

Zu Elizas Rechtfertigung ließe sich sagen, dass die Matrosen zu jener Zeit meist streitsüchtige Raubeine waren, die bei jeder Gelegenheit meuterten. Ihre Arbeit war schwer, gefährlich und schlecht bezahlt. Zudem gehörten Schiffe und Seefahrt zur Männerdomäne, Frauen an Bord waren notfalls als Passagiere, aber nicht als Befehlende geduldet. Dass die Seeleute in größeren Häfen wegen Streitereien den Arbeitgeber wechselten, gehörte zum Alltag, denn auch die Kapitäne benahmen sich oft rüpelhaft. Sie betrogen die Mannschaft ums Essen oder züchtigten sie brutal. Der kränkelnde und schlecht navigierende John Fraser bot zudem noch besondere Angriffsflächen. Dass er als Zielscheibe bissiger Witze und Anwürfe herhalten musste, ist leicht vorstellbar. Und bei solchen Reibereien stand ihm der »Teufel« Eliza wohl bei. Die Abneigung war übrigens gegenseitig. In ihrer ersten offiziellen Aussage über die Leidenszeit wird sie Youlden hart anklagen.

Während des Aufenthalts in Sydney fühlt sich der Jammerer Fraser zunehmend besser. Er hat seine Ladung mit Gewinn verkauft und außerdem den Bericht eines Arztes in der Tasche, dass sein Magen vorläufig in Ordnung sei. Anfang Mai bekommt er vom Agenten des Reeders den Befehl, Ballast aufzunehmen, auf direktem Weg nach Singapur zu fahren und dort Ware für England zu laden. Am 15. Mai 1836, einem Sonntag, segelt die *Stirling Castle* mit ihrer neuen Crew bei steifem Südwind von

Sydney Cove los, Richtung Sydney Head. Insgesamt befinden sich zwanzig Menschen auf dem Schiff: der Kapitän mit Eliza, die beiden Offiziere John Baxter und Charles Brown, der kleine Schiffsjunge und fünfzehn Matrosen.

Schiffbruch

Am folgenden Samstag hatten wir eine klare Nacht, die oberen Leesegel waren gesetzt, ich legte mich unten in die Hängematte und schlief sofort ein. Zwei Stunden später wachte ich auf, alarmiert, sammelte meine fünf Sinne und spürte, dass es krachte im Schiff. Ich sauste an Deck und sah mitten im Durcheinander, wie die Offiziere kopflos und unvernünftig die Halterung der zwei Rettungsboote entfernten, sie waren eines im andern drin mittschiffs befestigt. Noch diesen Morgen hatte der Schreiner einige Planken des Langboots zu Reparaturzwecken entfernt, sie aber noch nicht wieder eingesetzt. Keines der Boote war seetüchtig. Auch sinnlos, wenn sie es gewesen wären. Die Wellen krachten mit derartiger Wucht über uns zusammen, dass wir die Boote im Moment des Hinunterlassens sofort verloren hätten. Nachdem die Brigg festsaß, schwappte eine zweite Woge über uns und brach das Ruder weg. Zur Stabilisierung des Wracks sägten wir nun am Hauptmast, und im Fallen riss er auch den Fockmast mit. Die Rettungsboote rollten übers ganze Deck hin und her, nahmen schweren Schaden. Schließlich klammerten wir uns die Nacht durch an die Bugseile, weil wir fürchteten, die Brigg sitze auf einem Fels fest und werde vom Sturm ins offene Meer geschleudert. Und dann hätte später niemand mehr unsere Geschichte erzählen können.

Der Schiffsbauch war aufgeschlitzt, der Kiel zerbrochen, die Brigg lag quer zum Wasser. Als der Tag anbrach, sahen wir rundherum nichts als Riffe. Ohne Hoffnung machten wir uns an die Arbeit, takelten die Beiboote auf, banden mit Lederriemen, die wir von alten Schuhen schnitten, die Planken fest und hofften, dass wir die 120 Meilen bis zum Festland durchhalten könnten. Um vier Uhr nachmittags war es soweit: Wir hievten mit Mühe die Boote über die Reling, bis sie endlich den Kiel im Wasser hatten. Das Langboot leckte derart, dass zwei Mann dauernd schöpfen mussten. Ständig waren wir darauf gefasst, gegen einen Fels geschleudert zu werden. Schließlich gelangten wir nach neun Tagen Irrfahrt zu einer Insel, wo wir uns drei Tage ausruhten. Das Langboot erinnerte inzwischen an die berühmte Muskete in der irischen Geschichte, die weder Schloss, Schaft noch Lauf aufwies. Zu essen hatten wir nur etwas Fleisch, alle Wasserbehälter waren im Schiff geblieben.

Dies der Rapport des Matrosen Harry Youlden.

Zwei Jahre später schreibt der Londoner Publizist und Chronist in Elizas Diensten, John Curtis, über die Unglückssituation:

Ach, die furchtbare Kalamität war bloß ein Vorbote viel schlimmerer Leiden. Die stete Begleitmusik der bemitleidenswerten Menschen war von jetzt an der Klang der mächtigen Brecher, einzig gedämpft durch das Zischen der schäumenden Brandung und das hohle Stöhnen des Ozeans. Die schrecklichen Elemente des Himmels hatten sich mit jenen der Tiefen vereinigt. Und welches waren wohl die

Gefühle der einen Person im Boot, der Frau nämlich, die aus ehelicher Treue und Fürsorge ihr Land und die Kinder verlassen hatte, um ihrem Mann in der Krankheit beizustehen?

Im Widerspruch zu Youlden listet jedoch Curtis eine Menge von Gegenständen auf, die von der Mannschaft unter großen Gefahren aus dem Schiffsbauch herausgeholt und im Langboot verstaut wurden:

> Ein Kleidersack mit 50 Pfund Brot, drei mal fünf Pfund gesalzenes Rindfleisch, 20 Pfund Schweinefleisch, drei Gallonen Brandy, ein kleiner Topf Butter, 10 Töpfe mit Eingemachtem, der Rest eines 18-Gallonenfasses Ale, einige Kleider des Kapitäns, drei Schachteln mit Frauenputz, der Schreibtisch des Kapitäns, zwei Sextanten, zwei Quadranten, zwei Chronometer, eine Seekarte, zwei Musketen, eine Vogelflinte, zwei Pistolen, eine Schiffsaxt und weitere Artikel, die aufzuzählen sich nicht lohnt.

Eliza selbst erzählt nach ihrer Befreiung dem Kommandanten in Moreton Bay eine dritte Version, dass nämlich die Besatzung sich geweigert habe, Vorräte zu retten: »Wir hatten zum Überleben nichts als ein Fass Ale.« Später muss sie allerdings zugeben, dass ihr getreuer Diener Joseph Corallis, ein Schwarzer aus Westindien, Waffen, persönliche Gegenstände, das extra mitgeführte Eingemachte für den magenkranken Kapitän, Decken und Instrumente aus dem Wrack barg.

Von Anfang an ist die Fraser-Geschichte mit Ungereimtheiten gespickt, die Quellen widersprechen sich, die Beteiligten bezeugen unterschiedliche Erlebnisse.

Das Great Barrier Reef, der Ort des Unglücks, zieht sich rund

2000 Kilometer in weitem Bogen von der Torres Strait nach Süden, entlang der australischen Ostküste. Bei Flut liegt die Korallengefahr oft nur knapp unter dem Wasserspiegel. Sogar der erfahrene James Cook war dort in der Gegend auf ein Riff gelaufen. Bloß hatte er Glück im Unglück gehabt. Als seine Leute die *Endeavour* zur Reparatur an Land zogen und umdrehten, sahen sie wohl ein großes Loch im Rumpf, aber ein riesiges Korallenstück hatte sich gleich einem Zapfen ins Leck gebohrt und das Schiff vor dem Untergang bewahrt.

An welcher Stelle genau die *Stirling Castle* auf Grund lief, ist nicht mit Sicherheit zu rekonstruieren. John Curtis spricht vom 21. Breiten- und 155. Längengrad. Das wäre südöstlich des heutigen Mackay, 150 Meilen vor der Küste in der Gegend der Swain Reef. Von dort nach Moreton Bay beträgt die Luftliniendistanz knapp 500 Meilen.

HUNGER, DURST, DURCHFALL, DELIRIUM

Die zwanzig Leute quetschen sich in die zwei Rettungsboote, elf ins leckende Langboot, neun in die seetüchtigere kleine Pinasse, die das größere havarierte Boot ins Schlepptau nimmt. Bei Sturm und peitschendem Regen treiben sie die ersten neun Tage ziellos auf dem Wasser. Meterhohe Wellenberge hinauf und Wellentäler hinunter schleudern die Kähne. Nahrung und Wasser sind knapp. Das restliche Ale-Bier wird tassenweise verteilt, zu guter Letzt klauben sie noch den feuchten Hopfen vom Fassboden und saugen die nassen Brocken aus. Eliza berichtet, dass sie acht Tage lang ohne Wasser auskommen mussten, und erklärt stolz, sie selbst und der Kapitänsneffe John Baxter seien die Einzigen an Bord gewesen seien, die Meerwasser trinken konnten, mit Folgen allerdings: Durchfall und Delirium. Einige der Männer sind verletzt, haben schwere Schürfwunden und Prellungen abbekommen, kauern halb bewusstlos längs der

Bordwand. Einmal mehr ist der Kapitän todkrank und führungsunfähig. Ins Langboot dringen immer größere Wassermengen ein; zwei Mann sind dauernd mit Schöpfen beschäftigt. Zwei andere müssen die Meeresoberfläche beobachten, denn überall stechen Riffe heraus. Manchmal sogar werden die Boote über schroffe, kleinere Koralleninseln geschleift, die Füße der Leute sind aufgerissen. Da endlich taucht eine größere Insel auf – John Baxter ist sicher, dass es sich um eine der Cumberland Islands handelt, wo die Landung gefahrlos und Ausruhen möglich scheint. Als er später vor dem Richter in London die Unglücksgeschichte wiederholt, muss er mehrmals gegen Tränen ankämpfen.

Gegen den Willen des ängstlichen Kapitäns, der vor Tieren und Wilden zittert, erzwingt die Mannschaft mitten in der Nacht einen Zwischenhalt. Zur Erleichterung aller ist die Insel unbewohnt. Für John und Eliza Fraser wird mit Segeln ein Zelt improvisiert, der Kapitän gibt sich seinen Leiden hin, überlässt alle Arbeit kraftlos seiner Mannschaft. Bis endlich ein Feuer angefacht und aus einem Teil der wenigen Vorräte ein karges Mahl gekocht ist, graut der Morgen.

Drei Tage lang werden die Boote notdürftig repariert. Baxter beschreibt, wie es in Ermangelung von Hanffasern gelang, aus Seife, Fett und nassem Sand einen Kitt zu kneten und damit die Löcher abzudichten. Wieder werden die Boote ins Wasser gelassen. Das Ziel ist Moreton Bay (heute Brisbane), die englische Sträflingssiedlung. Zu jener Zeit war das der nördlichste Punkt des britischen Einflusses auf dem australischen Kontinent, aus Sicht der Schiffbrüchigen die ersehnte Zivilisation. Moreton Bay ist auf der Seekarte eingezeichnet, die Baxter umsichtig gerettet hat, zusammen mit seiner Bibel, aus der er den Kumpanen in mutlosen Stunden vorliest – Jesaia 41,17 zum Beispiel, wie er später erzählt: »Die Elenden und Armen suchen Wasser, und nichts ist da; ihre Zunge verdorrt vor Durst. Aber ich, der Herr, will sie erhören; ich, der Gott Israels, will sie nicht verlassen.« Verdorrte Zungen sind für die Verzweifelten Wirklichkeit: Sie kauen nun kleine Bleistücke, um den Mund nicht gänzlich austrocknen zu lassen.

Weiter geht die Fahrt im Sturm. Alle fürchten den Untergang und erhoffen nur noch einen trockenen Fleck, wo sie sich zum Sterben niederlegen können. Der Kapitän zeigt jetzt panische Angst vor den Eingeborenen, betont mehrfach, dass er diese herzlosen Flegel von früheren Fahrten her kenne, fürchtet Kannibalismus und will deshalb keinesfalls Richtung Festland. Wieder sind sie etwa zwanzig Tage unterwegs, ernähren sich von Austern und Schalentieren. Youlden berichtet:

> Verloren, wie wir waren, gab es seltenerweise einen Hoffnungsstrahl. Zum Beispiel, wenn wir bei Ebbe ein paar Fische fanden, die von der Flut auf ein Felsstück gespült worden waren. Oder wir entdeckten auf einer schmalen Koralleninsel sogar einige Austern.

MEUTEREI

Nach langer Irrfahrt hat die Mannschaft des kleineren, seetüchtigeren Boots die riskante Lage satt. Sie trotzt, verweigert dem Kapitän den Gehorsam und setzt erneut eine Landung durch. Der Durst hätte wohl auch keine andere Wahl gelassen. Kaum an Land, sieht Eliza über einem Felsen ein Wasserrinnsal. Sie klettert mühselig hoch, tränkt einen Lappen und wringt ihn mehrmals über einem Gefäß aus. Youlden ist ihr gefolgt, so jedenfalls erzählt sie die Episode später in Moreton Bay:

> Einer aus der Mannschaft namens Harry Youlden kommt auf mich zu, reißt mir die Schale aus der Hand und

trinkt sie aus. »Ich brauche das Wasser genauso dringend wie du oder der Captain«, herrscht er mich an. Als ich mich wehre, schreit er: »Verdammt bist du, du She-Captain. Wenn du noch ein Wort sagst, ertränke ich dich sofort.«

Youlden erwähnt diese Konfrontation nicht.

Eines Nachts setzten sich die Meuterer endgültig ab und verschwinden – nur einer von ihnen wird überleben und schließlich Moreton Bay halbtot erreichen.

Zuerst vermutet niemand die Flucht – noch ein paar Tage lang wird von Insel zu Insel vergeblich in alle Richtungen nach den Entwischten gesucht und kostbare Zeit vergeudet. Das Langboot ist jetzt kaum mehr seetüchtig, leckt überall, die Mannschaft ist zum Ausschöpfen zu schwach, hungert, friert. Die Stimmung könnte schlechter nicht sein, alle sind gereizt, niedergeschlagen und erschöpft. Eliza und der Kapitän werden zur Zielscheibe grober Anwürfe. Unausweichlich kommt es zum Eklat: Fünf der Männer – unter ihnen Youlden – drehen durch, ertragen weder Schwäche noch Unfähigkeit des Kapitäns auch nur einen Tag länger und beschließen, endgültig zu verschwinden, irgendwie die Küste entlang bis zur Sträflingssiedlung. Einzig die beiden Offiziere Brown und Baxter wollen beim Kapitän bleiben.

Wieder muss Fraser gegen seinen Willen landen, diesmal am Sandy Cape, dem nördlichsten Punkt der Great Sandy Island, der größten Sandinsel der Welt. 1842 wird sie dann zu Ehren des Kapitäns in Fraser Island umbenannt werden. Das schmale, fingerförmige Landstück schmiegt sich Richtung Nord-Süd derart eng ans Festland, dass sogar Cook beim Vermessen des Küstenverlaufs nicht merkte, dass es sich bei dieser Sandlandschaft um eine Insel handelte.

Als Patrick White, der australische Autor und Nobelpreisträger, sich erstmals mit dem Gedanken beschäftigt, einen Fraser-Roman zu schreiben, und 1961 die Insel inspiziert, sieht er vom Flugzeug aus »die flachen Sandküsten entlang den Flanken des Ozeans, und dahinter dichten Regenwald, durchsetzt mit kleinen, klaren Seen auf den Kuppen hoher Dünen«. Eine Stunde lang fährt White nach der Landung mit einem Holzfällerlaster durch den Inseldschungel:

> Die Stämme der Bäume waren gepolstert mit Moos oder von Flechten verkrustet. Die Kletterpflanzen hingen in derart kompliziert verschlungenen Tauen herunter, dass das Licht kaum durchsickerte – und wenn, dann in einem dunklen, wässerigen Grün. Und Eindringlinge ins Dickicht hätten sich nur in den seltenen Lücken an Licht erinnern können, dort, wo die Bäume ausgelichtet waren, oder wo ein Rieseneukalyptus überzwerch lag – wäre nicht auch dieses Licht flimmerig gewesen, wieder wie Moos, aber trocken, zerkrümelt, weiß bis golden.

White gehörte 1974 zur »Fraser Island Defence Organization«, die Gough Whitlams sozialdemokratische Regierung daran hindern wollte, das ganze Gebiet der rücksichtslos operierenden Minen- und Bauholzindustrie zu opfern. Auf der Insel wachsen die berühmten und seltenen Terpentin-Bäume, deren Holz resistent ist gegen Beschädigungen durch Meerwasser.

Heute ist der Norden von Fraser Island ein Naturreservat, das die Unesco seit 1992 auf der Liste des Weltkulturerbes führt. Der Rand des Parks und einzelne Küstenteile der Insel sind besprenkelt mit Zeltplätzen, Hotels und Bungalows – ein Ferienparadies nur wenig von Brisbane entfernt.

Dank Harry Youlden ist die Landungssituation auf Fraser Island anno 1836 überliefert:

> Als wir uns näherten, konnten wir einige nackte, schwarze Eingeborene sehen, bewaffnet mit Keulen und Speeren. Sie bewegten sich genau auf den Punkt zu, den wir ansteuerten. Die See schlug mit fürchterlicher Kraft gegen das Ufer. Wir hatten nur Sekunden, um zu entscheiden, wer tückischer sei: die gewaltigen Brecher oder die Menschen an Land, die uns zunickten, herzukommen. Mit hämmernden Herzen wurden wir über den Ozean geschleift. Es war nun totenstill im Boot, nicht ein Wort wurde gesprochen. Die arme, zertrümmerte Barke zitterte und torkelte in den kochenden Wogen und kämpfte um ihr Leben. Das Meer, schwarz wie die Nacht, rollte hinter uns her und schleuderte uns ans Ufer.

Als Erste gehen Eliza und der Kapitän von Bord. Die Mannschaft bringt das Kunststück fertig, das Schiff an Land zu ziehen. Sie balancieren das schwere Boot im Sand auf dem Kiel, springen bei der nächsten großen Welle alle gleichzeitig links und rechts seitwärts ins Wasser und ziehen die Schaluppe mit Mühe hoch. Diesmal zeigt sich der Kapitän gerührt über seine Crew und stimmt zu Gottes Lob sogleich eine Hymne an. Es sei dies wohl das erste Mal gewesen, kommentiert später in London ergriffen der Journalist John Curtis, dass diese fürchterliche Gegend die christliche Botschaft vernommen habe.

Die Hymne erklingt kurze Zeit, bevor die in den Dschungel verschwundenen Schwarzen sich wieder hervorwagen und unversehens vor den Weißen stehen. Es sind erst nur wenige, neugierig und bereit, Fische gegen Elizas Tand zu tauschen, den sie in einer Truhe retten konnte. Die erste Begegnung verläuft harmlos.

Erst als die Gruppe der letzten Meuterer sich vom Kapitän trennt, wird die Situation brenzlig. Statt mit neun sehen sich die

Eingeborenen nur noch mit vier Weißen konfrontiert, darunter eine Frau und ein kranker alter Mann. Sie werden nun täglich dreister, befürchten wohl auch, dass sie ihre karge Nahrung mit dem Häuflein Gestrandeter teilen müssen. Youlden verteidigt aber im Rückblick die Flucht: »Länger wollten und konnten wir einfach nicht mehr im Meer bleiben. Nach 32 Tagen war uns jeder Wechsel recht, und sei es, dass wir uns den Wilden ausliefern müssten.«

Den Großteil der Waffen nehmen die Meuterer mit und schlagen sich nach Süden durch, bis sie endlich erstaunt erkennen, dass sie sich auf einer Insel in geringster Distanz zum Festland befinden. Zwei versuchen es mit Schwimmen und ertrinken vor den Augen ihrer Gefährten. Drei fassen Vertrauen zu einem Schwarzen, der sie mit seinem Kanu übersetzt. »Es war ein tolles Boot«, berichtet Youlden bewundernd, »ganz aus Baumrinde gefertigt, die mit Dampf geschmeidig gemacht und an beiden Enden hochgebogen wurde, 20 Fuß lang, mit Platz für fünf Leute.«

Den dreien gelingt es tatsächlich, bis zur Sträflingssiedlung durchzukommen – dank meist guten Einvernehmens mit den Eingeborenen, die sie zwar hart arbeiten lassen, ihnen aber auch bei der Wegsuche helfen. Anders als Eliza und der Kapitän haben diese Seeleute mit den Aborigines gute Erfahrungen gemacht. Wahrscheinlich waren weder Eliza noch John Fraser überlegen oder diplomatisch genug, sich in der Begegnung vernünftig zu verhalten, das koloniale Rollenspiel aufzugeben. Die einfachen Seeleute waren da weniger voreingenommen und zimperlich. Einer von ihnen, der Schotte Robert Darge, gibt ein Jahr darauf in London zu Protokoll:

> Wenn wir geplagt wurden, dann von Halbwüchsigen, nie von ausgewachsenen Männern. Weil ich zum Beispiel

> unfähig war zum Schneidersitz, ärgerte das die Burschen, und sie peinigten mich mit Brandstecken und Steinen. Wenn nämlich ein Clan sich dort hinsetzt, so sieht das aus, wie wenn eine Nation schwarzer Schneider zu Boden ginge.

Darge äußert auch als Einziger Verständnis für den Hass der Schwarzen gegen die Weißen: »Wie oft schießen Siedler oder Soldaten ohne Vorwarnung auf die wehrlosen Wilden, töten oder verwunden sie, ohne jeden Grund.« Darge hatte Kontakte zu einem älteren Mann, dem ein Bein weggeschossen worden war. Weder Jagen noch Fischen waren ihm mehr möglich. Seine Wut auf die Weißen äußerte sich in regelmäßigen Tobsuchtsanfällen.

Auch Youlden ist den Schwarzen dankbar:

> Ein gewaltiger Sturm hinderte uns einmal fünf Tage lang am Weitergehen. Als er sich legte, krochen wir drei Tage auf den Knien weiter. Acht Tage hatten wir nichts gegessen. Ich wollte aufgeben, und siehe da, die Vorsehung ließ uns nicht im Stich. Wir trafen auf Eingeborene, sie gaben uns zu essen, und wir blieben drei Wochen bei ihnen. [...] Einige haben sehr intelligente Gesichter, schön sind sie aber nicht – nach unseren Vorstellungen. Einmal saß ich neben einem am Feuer, der war stolz, dass ich ihn zum Nachbarn wählte, aber ehrlich gesagt, er hatte einfach die besten Fische. Wir grillten und tranken, und da wir uns nicht verständigen konnten, feixten wir uns freundlich zu. Das Lachen der Eingeborenen ist übrigens sehr speziell, ausdrucksvoll und ansteckend. Es endet mit einer abrupten Explosion und einer raschen Rückkehr zu großem Ernst.

In der Mitchell Library, dem Staatsarchiv von New South Wales, wird ein Schriftstück aufbewahrt, unterschrieben von Eliza Anne Fraser. Der Namenszug – als Schriftprobe gelesen – wirkt ungelenk. Mit der Unterschrift bestätigt sie die Zuverlässigkeit ihres Berichts, den sie dem Kommandanten und seinem protokollierenden Sekretär nach ihrer Rettung in Moreton Bay zur Kenntnis bringt und am 6. September 1836 unterzeichnet.

Die fünf Seiten in gestochener Beamtenschrift erzählen distanziert und ohne Dramatik den Verlauf der Ereignisse vom Tag des Schiffbruchs an. Eliza spricht in der Ich-Form, sie berichtet von der Trennung der beiden Rettungsboote, der verzweifelten Suchaktion nach den Abtrünnigen und erwähnt auch den heftigen Streit und die Diskussionen auf dem Langboot über den Fortgang der Expedition. Abweichungen zu den Aussagen der Seeleute finden sich kaum. Nach dem Entschluss der Gruppe Youlden, zu Fuß weiterzugehen, sind die vier allein den Schwarzen ausgeliefert. Sie berichtet:

> Die Meuterer haben alle Waffen mitgenommen: die Vogelflinte des Kapitäns, die Musketen, Pistolen, die ganze Munition. Sie ließen den Kapitän, mich und zwei Maate ohne jede Verteidigungsmöglichkeit zurück. Wir waren nun auch zu schwach, das Boot wieder ins Wasser zu bringen und gingen den Strand entlang zu Fuß weiter. Wir besaßen noch die Chronometer und ein paar Kleidungsstücke. Am nächsten Tag begegneten wir vielen Eingeborenen. Als sie uns unbewaffnet sahen, nahmen sie uns alles weg außer den Kleidern. Sie schlugen uns bei geringstem Widerspruch. Dann verschwanden sie. Zwei Tage und Nächte marschierten wir weiter ohne Essen oder Wasser. Wieder kamen

Eingeborene. Die rissen uns nun auch noch die Kleider vom Leib, bis wir vollständig nackt waren, und zwangen uns, mit ins Camp zu gehen. Dort wiesen sie uns verschiedenen Gebietern zu, die uns Holz und Wasser tragen hießen. Wir wurden mit der größten Grausamkeit behandelt. Außer Fischresten, die wir selten bekamen, mussten wir uns mit Farnwurzeln ernähren, die wir in den Sümpfen fanden. Mein Mann wurde immer schwächer bis zur gänzlichen Unfähigkeit, die Arbeiten zu verrichten, die von ihm verlangt wurden. Einmal, als er einen Baumstamm nicht mehr zu schleifen vermochte, warfen sie einen Speer nach ihm und trafen ihn unterhalb des Schulterblatts. Von dieser Wunde erholte er sich nicht mehr. Bald spie er Blut. Sein Tod trat acht oder neun Tage später ein. Während dieser ganzen Zeit lag er auf dem Boden, unfähig, sich zu rühren. Ich durfte mich ihm nicht nähern. Als er gestorben war, zogen sie ihn weg und begruben ihn. Der erste Maat, Mister Brown, wurde auch zusehends schwächer. Die Eingeborenen verbrannten seine Beine in schlimmster Manier mit brennenden Holzstäben. Drei Tage nach dem Tod meines Mannes brachten sie Mr. Brown und mich hinüber aufs Festland. Mr. Baxter, der zweite Maat, war zu schwach, mitzukommen. Drei Tage später starb Mr. Brown an seinen Brandwunden. Das Fleisch fiel von seinen Beinen, und die Knieknochen stachen durch die Haut. Ich wollte ihm ein paar Plätzchen geben, aber die Eingeborenen schlugen mich nieder und zogen mich an Armen und Beinen weg. Ich war nun allein mit den Schwarzen. Nach ein paar Tagen startete meine Clangruppe, um 40 Meilen weiter mit einem anderen Stamm zu kämpfen. Am dritten Tag nach unserer Ankunft kam mir plötzlich ein weißer Mann entgegen, von dem ich später erfuhr, dass er Graham hieß. Er sprach eine Zeit lang mit den Eingeborenen, und nach einem heftigen Wortwechsel gelang es ihm, mich wegzubringen.

Elizas Übergabe an den englischen Offizier, Lieutenant Otter, hat der Bushranger John Graham – wie schon zitiert – exakt festgehalten. In welchem Zustand Eliza sich unmittelbar nach der Befreiung befand, wie elend sie aussah, beschreibt Otter in einem Brief an seine Schwester in England:

> Die Wilden haben offensichtlich vor dem *beau sexe* keinen Respekt. [...] Nachdem ich erfahren hatte, dass Mrs. Fraser oben auf dem Hügel wartete, gab ich Graham einen Mantel und einen Unterrock, und bald darauf erschien sie. Nie in Deinem Leben hast Du ein solches Objekt gesehen! Obwohl erst 38 Jahre alt, sah sie aus wie eine alte Frau von siebzig, völlig schwarz, schrecklich verkrüppelt von den Leiden, die sie ertragen musste. Ich ging zu ihr hin, sie erfasste meine Hand, brach in Tränen aus und sank zu Boden. Sie war nur mehr ein Skelett, ihre Haut hing buchstäblich von den Knochen, und ihre Beine waren übersät von Brandwunden, die ihr die Wilden beigebracht hatten. Trotz ihrem Zustand mussten wir aber so schnell wie möglich von hier weg. Denn im Camp waren etwa 300 Eingeborene, die – so meinte Graham – in der Nacht angreifen und sie zurückholen wollten. So hinterhältig sind diese Wilden, man kann ihnen nie auch nur einen Moment lang trauen.

Eliza selbst beschreibt später ihr Aussehen mit erstaunlicher Selbstironie: »Ich war schlimmer als in ägyptischen Fesseln gefangen. Mein langes Haar war verklebt mit großen Quantitäten Gummi, und drin steckten Baumrindenstücke, Gras und Federn, sodass mein Kopf aussah wie eine riesige Hutschachtel.«

Die Heldin zurück aus dem Busch

Moreton Bay: Als Eliza Fraser sich dort erholt, liegt die Sträflingssiedlung noch immer am Ende der kolonialen Welt. Weiter nördlich leben keine Weißen mehr.

Den ersten Engländern, die 1824 an der Mündung des Brisbane-Flusses auftauchen, erscheint die Gegend als Garten Eden. Beiderseits der Flussmündung dichter Dschungel, zierliche blaue und purpurne Windengewächse schlingen sich an den Baumstämmen hoch, und gegen das Meer zu stehen in großen Gruppen die Salzwasserlilien mit ihren alabasterweißen Blüten. Königsfischer – manche mit scharlachroten Brustfedern, andere schneeweiß mit azurblauem Rücken – pfeilen hin und her, und die Stille wird einzig durch das raue Gelächter der Kookaburra-Vögel gestört. Wenig später wachsen hier Mais, Bananen, Ananas, Guavas, Trauben, Feigen, Melonen, Orangen, Zitronen – und für die Sträflingsküche Kartoffeln und Kohl. Zuckerrohr dient als Heckenpflanze, die Zypresse als Zierde.

1837, nur ein Jahr nach dem Unglück der *Stirling Castle*, hält sich der pfarrherrliche Weltenbummler Thomas Atkins in jener Gegend auf und beschreibt in seinem 1859 erschienenen Buch *The Wanderings of a Clerical Eulysses* das Funktionieren der englischen Klassengesellschaft in der abgelegenen Randzone. In den Gefangenenlagern stehen natürlich die Sträflinge zuunterst, dann folgen die Soldaten als ihre Aufseher, die Polizisten, Sekretäre, Offiziere, der Pfarrer, der Arzt und zuoberst der Kommandant. Nur den höheren Chargen ist es gestattet, die Frauen mitzubringen. Im »zivilen« Sektor zeigt sich der Geistliche erstaunt über die vielen »Elite«-Siedler: Pensionierte Militärs, Söhne und Töchter von kirchlichen Würdenträgern, Universitätsabgänger, Ingenieure. Es handele sich in dieser Abgeschiedenheit um die Creme der australischen Bevölkerung, schwärmt er. Auch die Schwarzen werden beurteilt: »Sie stehen hier auf der untersten Stufe der Wildheit und sind die Würdelosesten der Spezies Mensch – zutiefst gesunken in ihrer Ignoranz, Brutalität und Sünde!«

Hierher also wird Eliza Fraser gebracht. Lieutenant Otter hat sie während der fünf Tage dauernden Rückfahrt »wie eine Krankenschwester« gepflegt.

> Wenn sich doch nur alle Soldaten hilflosen Frauen gegenüber so verhielten wie dieser galante Kämpfer gegenüber der Kapitänswitwe! Dann müssten wir nichts mehr hören von herzbrechendem Kummer, Reue und Gehässigkeit als Folge von Verführungen der tugendhaften Einfalt,

lässt sich später in London – von Otters Offizierstugend überwältigt – der Journalist John Curtis vernehmen.

Die Damen der Siedlung reißen sich darum, Eliza aufzunehmen. Im Haus des Kommandanten, Captain Foster Fyans, kann sie nicht Quartier nehmen, weil er Junggeselle ist, dem eigenen Geschlecht zugeneigt und überhaupt etwas eigenbrötlerisch. Er vertreibt sich die freie Zeit mit der Herstellung von Strohsesseln für seine Vorgesetzten und Freunde in Sydney.

Mrs. Rachel Owen, die Frau eines Sekretärs, trägt schließlich den Sieg davon über die Arztgattin Mrs. Robinson und wird Elizas Gastgeberin. Leicht vorstellbar, dass die Erschöpfte überbetreut wird, »mit Zuneigung beinahe umgebracht«, wie sie sich später erinnert. Sie beklagt sich über Schmerzen in den Gelenken und über fast unüberwindbare Schwäche. Der Arzt der Siedlung bescheinigt ihr schwere körperliche Schäden, aber auch eine gewisse geistige Verwirrung (aberration of mind). Die Verwirrung wird später sogar dem Journalisten Curtis auffallen. Auch der Kommandant empfindet sie »als geistig leidend«. Täglich muss sie bei ihm erscheinen und ihre Abenteuer in zahlreichen Sitzungen zu Protokoll geben. Manchmal besucht sie auch ihren Leidensgenossen John Baxter, der im Krankenhaus untergebracht ist. Die beiden sprechen sich über das Vergangene aus und sind heilfroh, dass sie aus »barbarischen Gefilden auf dem Boden von Christen gelandet sind, die – wie gute Samariter – Öl und Wein in ihre Wunden gießen«. Die anderen Überlebenden, die Gruppe Youlden, haben einen schweren Stand in Moreton Bay. Die Strafe für ihre Meuterei: Sie sind für die Zeit ihres Aufenthalts zur Verwahrung in die Sträflingsbaracken verbannt.

Nach einigen Wochen wird Eliza unruhig, sie fühlt sich nun besser, will weg, will nach Sydney, zurück in die Gesellschaft, in die Kurzweil. Kommandant Fyans bittet den Gouverneur der Hauptstadt um ein Schiff, würdig, die noch leidende Dame zu transportieren. Früh im Oktober segelt der Kutter *Prince George* in Sydney los, die 500 Meilen der Ostküste entlang nach Moreton Bay. »Mit dem wahren Herzen eines britischen Seemanns« – so Curtis – hat der Kapitän für Eliza liebevoll die Kabine vorbereitet. Sie und ihre Leidensgefährten packen ihre Siebensachen zusammen, nehmen Abschied.

Die Reisenden werden hier – anders als in den Rettungsbooten – streng nach Klassenzugehörigkeit getrennt. Frühmorgens besteigen die überlebenden Matrosen der *Stirling Castle* ein Walfängerboot, das von acht Sträflingen den Fluss hinunter zum wartenden Kutter gerudert wird. Sie fahren als Erste los, noch vor der Kapitänsfrau und ihrer Eskorte. Für die Passagiere der gehobenen Klasse – Eliza, Mrs. Robinson, die Frau des Arztes, deren Zofe sowie den schneidigen Lieutenant Otter – steht für den Transport zur Flussmündung hinunter eigens ein Skiff bereit.

Welch unterschiedliche Mischung von Charakteren!
Da die Heroine der Geschichte, fast noch im Griff der
Barbaren, immer noch schwach, verstört und dünn.
Dort der brave Sieger Lieutenant Otter, der dem Kapitän
mit blitzendem Auge und voller Stolz entgegentritt.

Curtis kann sich rückblickend an der Szene kaum satt schreiben.

Bei der Ankunft des Skiffs steht die Mannschaft der *Prince George* an der Reling bereit und salutiert, die Gäste gehen an Bord, und der Kapitän serviert ein Gabelfrühstück, so elegant und reichhaltig, wie es die Kabine des einfachen Kutters noch nie erlebte. Noch einmal muss Otter die ganze lange Befreiungsgeschichte erzählen. Der Kapitän hört schweigend zu, ist bewegt von den Fährnissen, welche die Heldin hatte durchstehen müssen. Der Lieutenant kürzt nur dort ab, wo ihm die Details allzu intim erscheinen. Mrs. Robinson greift auch beim wiederholten Zuhören noch nach dem Taschentuch. Der Offizier Baxter, dem es gestattet ist, in der besseren Klasse zu reisen, spricht wohl die Wahrheit, wenn er sagt: »Wir sind nichts als elende Objekte, vom Kopf bis zu den Fußsohlen schwach, nichts als schwach. Nie mehr werden wir wieder sein wie früher.«

Der Kutter lichtet die Anker, Otter geht von Bord, zurück zu seiner Arbeit. Eliza Fraser, begleitet von der Arztfrau, fährt

Richtung Sydney, Richtung Szenenwechsel, Richtung neue Abenteuer.

STAR IN SYDNEY

Als die Genesende im Oktober 1836 in Sydney an Land geht, ist die Hauptstadt von New South Wales exakt 48 Jahre alt. Ein halbes Jahr vor Elizas Ankunft, im Januar 1836, war Charles Darwin in Sydneys damals schon bewunderten Naturhafen gesegelt:

> Überall den Stränden entlang stehen elegante Villen und hübsche Cottages verstreut. Wir erblickten Windmühlen und dreigeschossige, steinerne Lagerhäuser am Ufer, bevor noch die Kapitale in Sicht war. Endlich sind wir in Sydney Cove: rundherum riesige Schiffe und der Mole entlang große Speicher.

Die nächsten Tage bummelt Darwin durch die Stadt, und er ist bass erstaunt über »dieses eindrückliche Zeugnis der britischen Macht«. Hier, in diesem »wenig versprechenden Land«, sieht er nach kurzer Kolonialzeit Fortschritte, die »Südamerika während Jahrhunderten nicht zustande brachte«.

Sydney hat zu jener Zeit 23 000 Einwohner. Die Straßen sind schnurgerade, gepflegt, breit und sauber. Die Häuser haben gefällige Proportionen, hübsche Gärten und die Geschäfte ein auserlesenes Warenangebot. Viele exquisite Gasthäuser sind auf anspruchsvolle Klientel eingestellt. Darwin vergleicht Sydney mit den properen Vorortsiedlungen Londons, allerdings viel schneller wachsend. Kaum steht ein Haus, wird ein noch größeres daneben gebaut. Hauspreise und Mieten scheinen ihm zwar extrem hoch, aber die Bevölkerung auch entsprechend wohlhabend. Alle Arten von Kutschen versperren die Wege: Einspänner, Zweispänner, Kaleschen mit livrierten Dienern und prächtigen Pferden. Einkommen von 100 000 Pfund jährlich sind nicht selten, und häufig werden die größten Vermögen von entlassenen Sträflingen angehäuft. Darüber zeigt Darwin sich allerdings sehr verärgert.

Eliza ist beim Sekretär des Gouverneurs untergebracht. Vermutlich in einem der wohl proportionierten Stadthäuser mit Säulenportikus. Kurz nach der Ankunft organisiert der Schiffsagent der *Stirling Castle* einen Dankgottesdienst in der St.-James-Kirche. Die Predigt hält der Bischof von Australien höchstpersönlich. Eliza kann wegen ihrer Gelenkschmerzen nicht teilnehmen, aber die gerettete Mannschaft ist anwesend. John Baxter äußert sich unwirsch über das Ereignis: »Wir mussten alle mit nacktem Oberkörper dasitzen, damit wir auch gut sichtbar seien und einigermaßen schiffbrüchig wirkten. Es war sehr peinlich.«

Dafür ist das Mitleid groß und die Kollekte umso ergiebiger. Auch am Wohnsitz des Bischofs findet sich eine Spendenliste ausgelegt, die Leute geben großzügig, aber von dem ganzen Geld sehen die Seeleute nur einen Bruchteil. Baxter beklagt sich beim Agenten über die ausstehenden Guthaben – ohne Erfolg. Laut Youlden bekommen die Matrosen schließlich den Bescheid, dass man den unteren Chargen in Gelddingen eben nicht trauen dürfe. Am Ende werden fünf Pfund pro Mann in Gutscheinen, einzulösen in extravaganten Läden, an die Geneppten verteilt. »Wohin der Rest des Geldes ging, sage ich nicht. Aber wenn es das Gewissen des Empfängers erleichtert, teile ich hier mit, dass ich ihm meinen Anteil im Nachhinein schenke«: dies der letzte Satz von Youldens Bericht siebzehn Jahre später in der New Yorker Zeitschrift *Knickerbocker*.

Nutznießerin ist ohne Zweifel Eliza. Sie weiß alle Aufmerksamkeit auf sich zu lenken, steht im Zentrum des hauptstädtischen Interesses, wird in der besseren Gesellschaft herumgereicht, gibt den Zeitungsleuten bereitwillig Interviews. Es erscheinen Artikel, die den Leserinnen und Lesern Schauder über den Rücken jagen. Neu ist, dass Eliza die Wilden (savages) hier, anders als noch in Moreton Bay, als Kannibalen bezeichnet: Die hilflose Weiße als Eigentum der Schwarzen, um ihr Leben bangend und fürchtend, dass sie als grausige Mahlzeit dienen könnte. Ob sie selbst es ist, die ihre Berichte schamlos würzt, oder ob die Journalisten ihre Boulevard-Versionen mit Erfundenem garnieren, ist nicht festzustellen. Erwiesen aber ist, dass Eliza in Sydney 400 Pfund von dem gesammelten Geld in Empfang genommen hat – zusammen mit zwei Truhen voll geschenkter Kleider und den Spenden der wohlwollenden Freunde in Moreton Bay.

DIE WALFÄNGERBRAUT

Am 23. Februar 1837 heiratet Eliza Fraser in der Kirche St. Andrew von Sydney den Walfänger John Greene, Kapitän der Brigg *Mediterranian Packet*. Die Heiratsurkunde hat vor wenigen Jahrzehnten der britische Autor Michael Alexander ausgegraben, ein Pionier der Fraser-Spurensuche. Eliza hält die Heirat streng geheim, ihr Freundeskreis, ihre Gastgeber in Sydney scheinen ahnungslos. In den Zeitungen steht nichts über die Verbindung – obschon dort kleinste Vorkommnisse große Beachtung finden. Die Zeugen sind unbekannt und offensichtlich zum Teil auch ungeschult. Eine der Trauzeuginnen ist des Schreibens unkundig, sie signiert mit einem Kreuz. Erst als die Heirat später in London Schlagzeilen macht, kommt es zum Eklat, zum Widerhall bis nach Australien.

Aus welchen Gründen entschließt sich Eliza zur Geheimniskrämerei? Weil sie erst seit einem halben Jahr Witwe ist und deshalb die neue Eheschließung nach so kurzer Wartezeit als unschicklich erscheinen könnte? Diese in modernen Interpretationen des Eliza-Stoffs nicht selten geäußerte Nachsicht zur Verteidigung der schwer durchschaubaren Frau überschätzt die gängige Moral im ersten Jahr von Königin Viktorias Herrschaft. Wohl niemand hätte sich an der Wiederverheiratung Elizas gestoßen nach ihren schweren Erlebnissen, ganz zu schweigen von den Sitten heimatferner Abenteurer, denen die Auffassungen bürgerlicher Tugendhaftigkeit ohnehin nichts bedeuten. Sogar der erzkonservative Publizist John Curtis gibt übrigens im Rückblick zu bedenken, dass es wohl im Ermessen der einzelnen Damen und Herren stehe, eine zweite Ehe einzugehen, und der Zeitpunkt dafür sei eine zweitrangige Überlegung.

Nein: Das Versteckspiel ist gewollt. Eliza Greene, verwitwete Fraser, geborene Slacks oder auch Britton – nicht einmal der Mädchenname ist gesichert –, führt aber nicht allein Regie beim Verschweigen dieser Ehe, sondern sie und ihr frisch angetrauter Partner hegen gemeinsam die Absicht, das durchgestandene Abenteuer künftig bestmöglichst zu vermarkten.

Wo sich die beiden kennen lernten, weiß niemand. Bestimmt aber nicht anlässlich einer Gardenparty beim Gouverneur von New South Wales. Walfänger gehören zur rauen Art unberechenbarer und oft auch rücksichtsloser Seefahrer. Sie ziehen Zechszenen in den Hafenkneipen den Tees, Dinners und Bällen der guten Gesellschaft vor. Allein Elizas Partnerwahl wäre demnach ein Grund zur Verheimlichung der Ehe, denn sie verdankt ihr Ansehen und ihren kleinen Reichtum ja der rührigen Oberschicht in der Hauptstadt, die sie hätschelt und Walfänger vermutlich links liegen lässt. Aber das reicht längst nicht aus als Erklärung.

Der Verdunkelung liegt meiner Ansicht nach ein wohl durchdachter Plan zugrunde, eine Fischzug-Strategie. Das pfiffige

Pärchen merkt zeitig, dass Elizas Geschichte viel Geld wert ist. Die hilflose, von den Wilden geschundene Witwe, mittellos, drei Kinder weit oben in Schottlands Norden: Das geht ins Mark des sensationslüsternen Publikums. Diese Szenerie hat schon Sydney zu Tränen gerührt, und sie lässt sich im viel größeren London noch wirksamer und einträglicher inszenieren. Greene hat ohnehin vor, Richtung Europa zu segeln, mit seinem Schiff Fracht nach England zu bringen. Also geht Eliza zwei Tage nach der Hochzeit gleich mit – unter dem Namen »Frazier«, wie dies der Autor Michael Alexander anhand der Passagierliste herausfand.

Nochmals die Frage: Warum aber vorher die Heirat? Darauf gibt es zwei Antworten, die eine heuchlerisch, die andere plausibel.

Heuchlerisch ist die Argumentation von Elizas schrankenlosem Bewunderer John Curtis. Mit gespielter Arglosigkeit wirft er ein, wie denn die Londoner Gesellschaft reagiert hätte, wäre Eliza bloß als Gefährtin (companion) und nicht als Ehefrau fünf Monate lang mit Captain Greene nach Hause gesegelt. Ihre Tugend wäre zwar gerettet, aber ihr Ruf dahin gewesen. Widersprüchlich mutet in diesem Zusammenhang Curtis' sonderbare Unterscheidung zwischen Tugend und Ruf an. Gewiss wäre es dem Paar überdies leicht gefallen, während der Fahrt Versteck zu spielen.

Die plausible Begründung heißt: Mit der Ehe sind die listigen Kumpane gegenseitig gebunden, beide müssen mitspielen, keiner darf ausscheren. In England wird sich zeigen, wie ausgeklügelt das Paar den Auftritt der Witwe in Szene setzt.

Jüngste feministische Deutungen des Verwirrspiels versuchen, einzig Greene als habgierigen Drahtzieher anzuprangern, dem Eliza ausgeliefert gewesen sei. Das hieße, den Hang der Dame zum Ränkespiel schonend ausblenden.

John Greene ist kein unbeschriebenes Blatt. Durch Zufall sind einige Nachrichten über den Kapitän erhalten. Und dies dank dem ausgefallenen Hobby eines Neuseeländers, der sich für die Walfängerszene der Jahre 1830–1840 interessierte und vor bald hundert Jahren sämtliche erreichbaren Zeugnisse weltweit gesucht, zusammengetragen und publiziert hat. Aus dieser Sammlung ist bekannt, dass Greenes Ruf zwischen Auckland und Sydney nicht über alle Zweifel erhaben war.

Im April 1836 waren die meisten seiner Matrosen in einer Bucht Neuseelands desertiert, nachdem sie das Schiff vorher total ausgeplündert hatten. Kurz danach hatte Greene Schwierigkeiten mit dem Maori-Stamm der Natriarora: Ein Häuptling bringt Kartoffeln aufs Schiff, ist aber mit der Bezahlung nicht einverstanden und nimmt als Restgeld einen herumliegenden Hammer mit. Zur Rückgabe aufgefordert, widersetzt er sich, und es gibt Streit mit dem Ersten Offizier. Ein Mitglied der Mannschaft wirft, offenbar von Greene dazu angestachelt, von hinten mit einer Harpune nach dem Häuptling, trifft und tötet den Mann. Als Rache planen die Maori, Greene, den verantwortlichen Captain, umzubringen und das Schiff danach zu kapern. Im letzten Moment wird das Vorhaben aber von einem Mitglied des feindlichen Nachbarstamms verraten. Greene gelingt es, kurz vor vereinbarter Tatzeit den Anker zu lichten, und er entkommt.

Walfänger aus England, Amerika, Frankreich, Portugal und Holland stehen zu Greenes Zeit in Neuseelands Gewässern in Konkurrenz. Ihre Schiffe sind in der Hauptsaison derart zahlreich, dass oft mehrere hinter einem einzigen Tier her sind. Der Neuseeländer Greene beklagt sich in einem Rapport über die ausländischen Nebenbuhler:

Wenn das Spritzen eines Wals sichtbar wird, jagen nicht weniger als siebzig, achtzig Boote hinterher. Am schlimmsten sind die Amerikaner. Die glauben, sie hätten in Neuseeland nichts anderes zu tun, als die Wale einzusammeln und an ihren Schiffen festzubinden.

Die Seeleute auf diesen schweren Seglern gelten als hartgesotten und tapfer. Ansehnlicher Gewinn lockt. Walöl wird als Schmiermittel für Maschinen, für Lampen, Kerzen und Seifen gebraucht, Wal-»Knochen« aus dem Schlund der Tiere finden bei Tapezierern, Schirm- und Korsettmachern Verwendung.

Die grausame Welt der Walfängerei ist gleichzeitig Schauplatz des gefährlichen Kampfs der Weißen gegen die listigen und wehrbereiten Maori. Captain Greene versteht natürlich die Neigung seiner frisch Angetrauten, die Eingeborenen zu verunglimpfen. Eigene Erfahrungen lehrten ihn dieselbe hochmütige Geringschätzung. Ähnlich den Siedlerberichten über die australischen Aborigines, kolportieren auch die Walfänger Aufsehen erregende Geschichten über die ihnen fremden polynesischen Stämme in Neuseeland. Vor allem im Bereich »Kannibalismus« sind den Histörchen keine Grenzen gesetzt. Einer der Seeleute schreibt nach Hause:

Alle Leichen werden in primitiver Weise weich gekocht. Sie graben ein Loch in die Erde, zwei Fuß tief, erhitzen drin Steine bis zur Glut, nehmen sie wieder heraus – außer den untersten – und legen schichtweise Blätter und Menschenfleisch aufeinander. Dann werfen sie Wasser über das Ganze und bewahren den Dampf mit alten Strohmatten in der Kochgrube. In zwanzig Minuten ist alles gar.

Greene muss Eliza während der Heimreise Berichte aus seinem Kannibalismus-Repertoire zum Besten gegeben haben, denn in London wird sie ihre eigenen Erlebnisse mit denen ihres Ehemanns vermengen und zu Abenteuern verflechten, die sämtliche damals gängigen Vorurteile der Weißen gegenüber den Eingeborenen an Perfidität überbieten.

Schon Cook war bei seinen ersten Kontakten zu den Maori auf ihren Menschenverzehr aufmerksam geworden. Ein Einheimischer hatte einen abgetrennten Kopf aufs Schiff gebracht und mit großem Vergnügen vor den Augen der Engländer ein Stück gebratener Wange verspeist. Aber Cook, als einem klugen Entdecker, war bewusst, dass er das schwer deutbare Phänomen nicht zu entschlüsseln vermochte.

Für die Maori bedeutet Kannibalismus – vergleichbar etwa der Versklavung – Unterwerfung des Feinds, getötet oder gefangen genommen im Verlauf von Kriegshandlungen. Wer den Widersacher erst kocht und dann verzehrt, erniedrigt ihn zutiefst und kappt mit dieser Demütigung auch die Verbindung seiner Seele zu den Göttern. Es geht also nicht darum, sich mit dem Verspeisen etwa die Kraft des Toten einzuverleiben, sondern es geht allein um Unterjochung. Und die absoluteste Form der Unterjochung – und gleichzeitig die höchste Befriedigung des erzürnten Herzens eines Kriegers – ist die Einverleibung des besiegten Gegners.

Die Walfängertrupps – und viele andere Europäer – waren weder willens noch fähig, sich mit dem Brauchtum des Kannibalismus ernsthaft auseinander zu setzen. Ihr Urteil war simpel und vordergründig: Wer Menschen isst, bestätigt seine niedrige Kultur und rechtfertigt damit auch seine Vernichtung.

In welcher Berufswelt John Greene heimisch war und mit welcher Verachtung die Walfänger den Maori begegneten, zeigt ein aufschlussreicher Polizeirapport aus Sydney, adressiert an den Gouverneur der Kolonie New South Wales und datiert vom 7. Februar 1831:

Sir

Wir haben die Ehre, Sie über einen kriminellen Tatbestand in Neuseeland zu informieren, in den der Kapitän der Walfängerbrigg *Elizabeth*, John Steward, sowie andere Mitglieder der Crew hauptursächlich verwickelt sind. Mehrere Zeugen bestätigen die Vorgänge.

Nach Durchsicht der Dokumente steht fest, dass ein Häuptling aus Neuseeland auf die Brigg eingeladen wurde. In hinterhältiger Absicht informierte der Kapitän dessen Feinde und übergab ihnen ihr Opfer, das sie töteten. Dass ein solches Benehmen für die Beteiligten die Todesstrafe erfordert, ist ohne Zweifel. Wir bitten um Ihre baldmöglichste Antwort, weil das Schiff bereits dabei ist, wieder auszulaufen.

Ihr ehrenwerter ...
Polizeipräsident

Ein Zeuge bestätigt die Fakten:

Der Kapitän kam mit dem Häuptling Rauparaha zu folgendem Einvernehmen: Das Schiff sollte Rauparaha und seine Krieger gegen Bezahlung auf die Banks-Halbinsel bringen, damit sie dort den Häuptling Maitraranui in ihre Gewalt bringen konnten. Die Männer kamen aufs Schiff und versteckten sich bei der Ankunft auf der Halbinsel im Laderaum. Der gefragte Anführer wurde mit seiner Eskorte höflich an Bord eingeladen, unbewaffnet, wie das üblich ist, wenn Schwarze die Schiffe der Europäer besuchen. Nun stürzten die andern aus ihrem Versteck hervor, packten ihre

Feinde, und der Kapitän brachte sie zurück zu ihrem Herkunftsort. Dort gingen sie an Land und erschossen die Gefangenen. Der Kapitän erhielt seine Belohnung.

Der Fall weitet sich rasch aus, Briefe gehen hin und her: vom Staatsanwalt der Krone in Sydney zum Gouverneur, vom Polizeipräsidium zu den Anwälten des Kapitäns und den Zeugen, vom Gouverneur zum Außenminister in London und wieder zurück. Nach Monaten schließlich befindet der Staatsanwalt, der Kapitän müsse mangels erkennbarer krimineller Tat nach englischem Recht freigesprochen werden. Das Vergnügen des Walfängers an der Intrige und am üblen Spiel mit den Maori bleibt unbestraft.

Der Gouverneur von New South Wales schickt schließlich seinen Schlussbericht nach London, und der Außenminister persönlich nimmt das Schreiben am 31. Januar 1832 »mit Scham und Entrüstung« zur Kenntnis. Erstaunlicherweise ist der britische Magistrat in diesem Fall der Meinung, dass

> die unglückseligen Eingeborenen Neuseelands, falls nicht rasch endgültige Entscheidungen getroffen werden, bald zur Zahl jener barbarischen Stämme auf der Welt addiert werden müssen, die – als Folge des Kontakts mit Männern, die sich fälschlicherweise Christen nennen – zu deren Opfern wurden.

Und weiter schreibt der hohe Beamte, dass er bedaure, dass die Bestrebungen des Gouverneurs, den Kapitän seiner gerechten Strafe zuzuführen, ohne Erfolg geblieben sind. Damit ist die Angelegenheit sowohl in der Kolonie New South Wales als auch im Mutterland ad acta gelegt.

Von blauem Haar auf Schultern und Schädeln

Am 16. Juli 1837 macht Greenes Schiff, die *Mediterranian Packet*, in den Docks von Liverpool fest. Berichte über die Rückfahrt von Sydney nach England sind nicht überliefert, aber schon wenige Tage nach der Landung beginnt das Paar aktenkundig seinen sorgfältig ausgeheckten Plan in die Tat umzusetzen. Das Ziel ist Geld. Die Leiden der schiffbrüchigen Eliza während ihres Aufenthalts bei den grausamen Aborigines sollen hier in England ins Unerträgliche gesteigert und mit dieser Strategie bei offiziellen Stellen Mitleid erzeugt, politischer Respekt erheischt und finanzieller Gewinn erzielt werden. Eliza und Greene können sich mühelos ausrechnen, dass sie für ihre Gruselgeschichten offene Ohren finden werden.

Von Anfang an gehören die Aborigines in der australischen Kolonialgeschichte zu den Verlierern. Schon bei den frühen holländischen Zufallslandungen im Nordwesten wurden sie aufs Despektierlichste beschrieben. Joseph Banks, Cooks Begleiter und später der Verantwortliche für die Besiedlung des Kontinents mit Sträflingen, hatte einzig Verachtung übrig für Australiens schwarze Bewohner und bezeichnete sie als »minderwertige, durch Ignoranz abqualifizierte Rasse«. Thomas Livingston Mitchell, während der Jahre 1828 bis 1855 ein hoher Regierungsbeamter in New South Wales, nannte sie Tiere und Teufel: »Wenn denn die Lehre von den Schädelformen wahr ist, dann sind sie (die Ureinwohner) voll brutalster Leidenschaft. Das Aussehen ihres Kopfes führt zur Überzeugung, dass sie kaum intellektuelle Fähigkeiten besitzen, aber letztendlich sind diese in der Wildnis auch gar nicht gefragt« – dies Mitchells Ansicht.

Damalige Beschreibungen der Einheimischen fußen zumeist auf entstellenden Schilderungen landgieriger Siedler, denen jedes Mittel recht ist, die einstigen Besitzer der weiten Bezirke zu vertreiben oder auszurotten. Und nun ist gar eine Frau im Spiel! Die erste Weiße – unschuldig gefangen genommen von den verabscheuten Schwarzen: Elizas durchlittene Qualen nähren die Sensationsgier, je greller dargestellt, desto größer der zu erwartende Profit.

Wenige Tage nach der Landung begibt sich Eliza zur Audienz mit dem Polizeipräsidenten von Liverpool, ausgestattet mit Dokumenten des Gouverneurs in Sydney zur Bestätigung des Schiffbruchs und der darauf folgenden Wochen bei den Schwarzen. Die leicht schäbige Kleidung hat sie passend zu ihrem Schicksal ausgewählt. Sie klagt dem Beamten, dass sie bitterarm sei und einzig über die milden Gaben der Damen von New South Wales verfüge. Ergriffen informiert der Polizeichef daraufhin den Bürgermeister sowie kirchliche Stellen und bittet diese Instanzen, der Mittellosen beizustehen. Im Pfarramt tischt Eliza erste Schauermärchen auf. Sie berichtet von blauen Haarbüscheln auf den Schultern der Barbaren und von gleichfalls blauen Haarkronen auf ihren sonst kahlen Schädeln. Der Polizeipräsident, dem sie schließlich Ähnliches zu Protokoll gibt, wird jedoch argwöhnisch und schickt nach Kapitän Greene, um sich die Erzählungen bestätigen zu lassen. Der aber ist gerade in Geschäften unterwegs, und es erscheint stellvertretend einer seiner Offiziere. Auf die Frage nach der Glaubwürdigkeit und

Zuverlässigkeit von Mrs. Fraser antwortet der Seemann zurückhaltend. Er kann die blauen Haare der Eingeborenen nicht bestätigen, meldet aber betreten, dass Eliza keinesfalls bedürftig sei, dass sie nicht nur Geld, sondern auch einigen Schmuck besitze und außerdem seit der Wegfahrt aus Sydney mit dem wohl situierten Captain verheiratet sei. Mit dieser Wahrheit konfrontiert, zeigt sich Eliza sichtlich unbeeindruckt. Ohne Scham über den Schwindel gibt sie unumwunden zu, die Ehefrau des Kapitäns zu sein, aber – so fügt sie hinzu – sie sei gerade dabei, sich wegen seiner Grobheit von ihm zu trennen. Auch Greene wird ins Präsidium zitiert. Seine Version der Geschehnisse lautet, er werde die Gattin Eliza mit dem Nötigen ausstatten, damit sie allein nach London und von dort zu ihren Kindern Richtung Schottland weiterreisen könne.

Mit Greenes Aussage ist der Vorfall für den Polizeipräsidenten von Liverpool erledigt, vorläufig wenigstens. Er stuft die Angelegenheit als Kleinbetrug ein und lässt die beiden ziehen. Ein paar Tage lang noch flaniert das Paar einträchtig und auffallend elegant gekleidet in den Straßen der Hafenstadt und lässt sich sogar geziemlich im Gottesdienst blicken.

BEIM AUSSENMINISTER ABGEBLITZT

London: das Zentrum des britischen Imperiums. Wie nicht anders erwartet, treffen die Greenes vereint hier ein. In der Hauptstadt erhoffen sie sich besonders einträgliche Reaktionen auf die Leidensgeschichten. Freunde in Liverpool haben Eliza geraten, als Erstes persönlich beim Minister für koloniale Angelegenheiten vorzusprechen. Ihm müsse sie ihren Fall vorlegen und ihn um angemessenen Beistand bitten, für sie und ihre drei armseligen Halbwaisen auf den Orkney Islands – umso mehr, als sie im Besitz einer behördlichen Beglaubigung ihrer Plagen sei. Als Britin glaubt Eliza ein Anrecht zu haben auf staatliche Unterstützung. Sie deponiert ihr Gesuch im Kolonialministerium. Der Bittschrift legt sie einen Brief bei von Captain Greene; sein Schreiben hat folgenden Wortlaut:

Sir,

Ich begleitete die Witwe des verstorbenen Kapitäns Fraser (der an der Ostküste Neu-Hollands Schiffbruch erlitt auf dem Weg von Sydney nach Singapur via Torres Strait) zu Ihrem Amtssitz. Ich bitte deshalb Ihre Lordschaft, von meiner Notiz Kenntnis zu nehmen, dass besagte Witwe, nachdem sie mehrere Monate unter den Wilden leben musste, gerettet wurde durch die unermüdlichen Anstrengungen des Kommandanten von Moreton Bay. Von dort wurde sie auf Befehl seiner Exzellenz, des Gouverneurs, in einem eigens für sie bereit gestellten Kutter nach Sydney gebracht. Während ihres Aufenthalts in Sydney geschah vom pekuniären Standpunkt aus fast nichts außer einer kleinen Unterstützung für den Erwerb von ein paar Kleidern, die Bezahlung der Schiffspassage nach England und ihren Unterhalt während der Reise.

Besagte Witwe kam hier mittellos an, ohne Geld und ohne das Nötigste – mit einer schlecht versorgten Familie in Schottland. Deshalb bitte ich Ihre Lordschaft zu akzeptieren, dass ich im Namen der Witwe die Umstände, in denen sie sich befindet, beförderlich mitteile.

Ich bleibe Ihrer Lordschaft bescheidener Diener
John Greene

Offenkundig vertrauen Eliza und ihr Mann darauf, dass sich zur Zeit gerade niemand aus Liverpool in London befindet, der von ihren Betrügereien dort Kenntnis hat. Dennoch zeugt es von einem hohen Maß an schurkischer Energie, wenn Greene nach der Entlarvung durch den Polizeipräsidenten jetzt in London erneut die Witwenmär auftischt – und zwar an höchster Stelle. Er hat zudem die Unverfrorenheit, die Kosten für den Schiffstransport zu erwähnen, die er seiner Gattin wohl kaum in Rechnung stellte. Und unaufrichtig spricht er gleich von »mehreren Monaten unter den Wilden« anstatt von sechs Wochen. Es fällt auf, dass er als Beweggrund für eine milde Staatsgabe einzig die bösen Wilden erwähnt und nicht etwa die vergleichsweise schlimmen Wochen im Sturm auf hoher See nach dem Schiffbruch. Aber in jener Zeit sind zerschellte Segler alltägliche Unglücksfälle, Frauen in der Hand von Schwarzen hingegen verheißen Mitleid.

Vier Tage lang wartet Eliza vergeblich auf eine Antwort, dann wird sie unruhig und spricht erneut im Ministerium vor. Von einem Beamten erfährt sie, dass die Dokumente noch nicht gründlich genug geprüft werden konnten, zwei Tage noch müsse sie sich gedulden. Wieder erscheint sie persönlich und pünktlich und bekommt jetzt den Bescheid, dass Lord Glenelg, der Außenminister, die Papiere nun kenne und ihr ausrichten lasse, dass er für den Fall, dass er mit ihr zu kommunizieren wünsche, sie herbestellen werde. In höflicher Amtssprache ist dies die klare Absage.

LONDONS LORD MAYOR

Auch in London finden Eliza und Greene Freunde, die ihnen jetzt raten, sich an den leicht dubiosen, aber in Seefahrtskreisen bekannten Reverend und einstigen Matrosen George Charles Smith zu wenden. Der exzentrisch-patriotische Gottesmann hatte einige Abenteuer durchlebt, als Soldat der königlichen Marine 1803 in der Schlacht bei Kopenhagen gekämpft, dann die Armee verlassen und sich zum baptistischen Geistlichen ausgebildet. In London leitete er nun ein privates Institut für die Betreuung von Seeleuten sowie Waisen von auf See verunfallten Kapitänen. Als die Greenes vorsprechen, ist er, in Begleitung von zwölf Waisen, gerade auf Betteltour im Land unterwegs. Aber sein Stellvertreter hört sich ihre Berichte an und empfiehlt den Weg zum Lord Mayor, dem Bürgermeister, der auch als oberster Schiedsrichter waltet und in dieser Eigenschaft befugt ist, zu Spenden aufzurufen.

Im Amtssitz des Lord Mayor, dem Mansion House, startet Eliza ihre wirkungsvolle Kampagne gegen die Aborigines – genauer: Sie missbraucht die australischen Einheimischen, um sich in der kolonialen Welt nachhaltig in Szene zu setzen.

ENTHÜLLUNGEN IM GERICHTSSAAL

Im Zeitungsarchiv der British Library im Norden Londons lagern lückenlos alle Ausgaben der *Times* seit ihrer Gründung im Jahr 1785.

Ordnungsgemäß habe ich die Mikrofilme der Augustausgaben des Jahrgangs 1837 vorbestellt, nur leider lassen sich die winzigen Buchstaben in den langen Spaltenreihen nur mühselig entziffern. Das Zeitungslayout von damals erinnert an die sprichwörtliche Bleiwüste. Überschriften nach Art der heutigen Tagespresse gibt es zu Elizas Zeit noch nicht. Mit Glück entdeckte ich auf der Titelseite der Samstagsausgabe vom 19. August 1837 unter der unscheinbaren Kursivzeile *Police, Mansion House* den ausführlichen Bericht über die erste von drei öffentlichen Befragungen Eliza Frasers durch den Lord Mayor, Mr. Thomas Kelly. Der Text erscheint nicht nur in der *Times*, sondern wörtlich identisch auch im Konkurrenzblatt, dem *Courier*. Im Vorspann steht zu lesen:

Gestern kam Mrs. Eliza Anne Fraser, die Witwe von Kapitän Fraser vom Schiff *Stirling Castle*, das wegen eines Korallenriffs in der Passage Sydney–Singapur im Mai 1836 unterging, in den Gerichtssaal, begleitet vom Kapitän des Schiffs, auf dem sie in dieses Land zurückkehrte, sowie von einem Weibsbild, in dessen Haus sie in London wohnt. Sie steht hier in der Absicht, Details ihrer furchtbaren Abenteuer bei den Einwohnern jener Küsten hervorzuheben, an die sich die Crew flüchtete nach den nicht minder erschreckenden Gefahren des Ozeans.

Die drei Sitzungen sind an drei aufeinander folgenden Tagen anberaumt. Die beiden Zeitungen berichten eingehend über alle Einvernahmen – immer in gleichlautenden Texten. Ob Elizas späterer Interviewer John Curtis die Meldungen selbst verfasste – wie heutige Fraser-Spürnasen herauszulesen glauben –, ist nicht bewiesen und auch nicht weiter aufschlussreich. Namentlich gezeichnet sind die Artikel ohnehin nie.

Während der zweiten und dritten Session im Mansion House ist auch Frasers Neffe John Baxter anwesend, weil er aus der Zeitung – und nicht etwa durch die Tante persönlich – von den Bemühungen des Lord Mayor erfährt. Auch Baxter dreht jetzt in London mächtig auf und erzählt, anders als noch in Australien, von haarsträubenden Erlebnissen mit den Schwarzen.

Einige Enthüllungen der Hauptakteurin im Gerichtssaal des Mansion House sind bemerkenswert und von ihr bislang weder in Moreton Bay noch in Sydney erzählt worden. Die verblüffendste Neuigkeit ist die Bekanntgabe ihrer Schwangerschaft und der Geburt eines Kindes im überfluteten Langboot:

Die Schwangerschaft der Kapitänsfrau war (beim Schiffbruch) bereits weit fortgeschritten. [...] Nach vier

Tagen gebar sie ein Kind, bis zur Hüfte im Wasser stehend. Das Kind war lebend, ertrank aber nach ein paar wenigen Atemzügen. Der erste Maat riss sich ein Stück Hemdstoff herunter, wickelte das Baby darin ein und ließ es mit der Flut ins Meer gleiten. Die arme Mutter kann sich die Energie, mit der sie die furchtbare Kalamität ertrug – zusätzlich zu allen anderen Kalamitäten –, heute kaum erklären. Glücklicherweise geriet sie in einen Zustand der Ohnmacht, und erst eine gewisse Zeit, nachdem das Neugeborene der Tiefe überantwortet worden war, wurde ihr klar, dass es überhaupt auf die Welt gekommen und rasch von dieser wieder verschwunden war.

Orkney und die dunklen Inselsitten rund um den Geburtsvorgang tauchen auf. Um die bösen Geister nicht zu reizen, wurden Schwangerschaften, wie schon erwähnt, so lange wie möglich vertuscht. Und kranke Neugeborene galten als Geisterkinder, denen man nicht nachtrauerte. Erst einige Zeit nach dem Ereignis scheint es Eliza möglich, überhaupt von der Geburt zu reden.

Über die verschleierte Geschichte ihrer Niederkunft haben die Fraser-Forschenden viel hin- und hergerätselt. Hat sie das Ganze erfunden? Wenn ja, weshalb? Erhoffte sie sich vom zusätzlichen Leid zusätzlichen Gewinn? Das Geschehen rund um die Entbindung bleibt ohne Bestätigung und ohne Erklärung. Sie hat jedoch später den Vorgang auch dem Journalisten John Curtis erzählt, und er zitiert ihre Aussagen wörtlich. Berechnung als Motiv scheint in diesem Fall kaum denkbar. Geburten waren zu jener Zeit kein Grund für Frauen, sich in Szene zu setzen oder gar öffentlich daraus Kapital zu schlagen. Und Fehlgeburten gehörten zum Alltag, vor allem auch auf Schiffen. Solche Missgeschicke im Privatbereich eigneten sich nicht für

Erpressung. Dass später dann gerade diese rührselige Mutter-Kind-Legende in Wort und Bild besonders bösartig gegen die Schwarzen eingesetzt worden ist, kann Eliza in diesem Fall nicht angekreidet werden.

Einfach zu deuten hingegen sind Elizas verleumderische Schilderungen der Sitten von einheimischen Stämmen an Australiens Ostküste zum Zweck eigener Heroisierung. Sie und Greene haben ein explosives Erzählgemisch vorbereitet aus Maori-Brauchtum, nordamerikanischen Gräuelgeschichten rund um den Marterpfahl und schwarzafrikanischen Wilden-Klischees. Eliza hat das Potpourri im Londoner Gerichtssaal eindrücklich präsentiert.

Entgegen ihren früheren Berichten nämlich umstehen jetzt die Eingeborenen bereits bei der Landung auf Fraser Island johlend das Schiff, reißen das Boot aus dem Wasser und verstecken es im Busch, sodass jede Flucht unmöglich ist. Sie zertrümmern alles, was sie zu fassen bekommen – Uhren, Chronometer, einen Talisman –, und stecken sich die Scherben und sonstigen Überreste in die Nase. Eliza wird am ganzen Körper tätowiert. Das Feuer unter den Füßen des an einen Pfahl gebundenen ersten Offiziers Brown muss sie selbst anfachen und unterhalten, bis er, laut schreiend und sich immer tiefer in den Boden wühlend, vor ihren Augen im nassen Sand das Grab findet.

Vollends unglaubwürdig erzählt sie von einem rätselhaften jungen Mann Namens James Major. Sein Name taucht auf der Mannschaftsliste der *Stirling Castle* zwar nicht auf, er scheint aber irgendwann einmal dazugehört zu haben und ist dann vom Erdboden verschwunden.

Dieser mysteriöse Major, so informiert der Berichterstatter in *Times* und *Courier* das staunende Publikum, wurde laut Aussage von Mrs. Fraser vom Captain früh schon gewarnt, dass ihm die Wilden den Kopf abschneiden und ihn dann als Trophäe am

Bug ihres Kanus befestigen würden. Damit nicht genug. Im Vorfeld einer derartigen Exekution beliebe es den Folterern, dem Opfer zunächst zuzulächeln und dann erst zuzuschlagen. Als nun der junge Mann nichts ahnend eine Arbeit verrichtet, tippt ihm einer der Schwarzen lächelnd auf die Schulter. Nur eine Sekunde später trifft ihn der Keulenschlag auf den Kopf, und Major fällt tot zu Boden. Von allen Seiten rennen die Eingeborenen herbei, umringen den Leichnam und machen sich ans Werk: Mit messerscharfen Muschelschalen trennen sie unter schrecklichem Gebrüll den Kopf vom Leib. Sie essen einzelne Teile des Körpers sofort auf und konservieren anschließend den Kopf in einer speziellen Gummilösung.

Nachdem der Lord Mayor die Kunde von solch unvorstellbaren Taten vernommen hat, wendet er sich via Presse an die Leserinnen und Leser: »Ich bin überzeugt, dass die Londoner Damen, die stets Ausschau halten nach bedauernswerten Objekten, Mrs. Fraser gerne unterstützen werden.« Denn, so fährt der Magistrat fort, Captain Greene habe ihm erzählt, dass die unglückliche Dame nicht über einen einzigen Pfennig verfüge. Die Kleider an ihrem Leib seien eine Gabe der Kommandantenfrau, und außerdem müsse Mrs. Fraser für drei Kinder in den Orkney Islands sorgen, wohin sie bald reisen werde. Aber im Moment sei sie lahm und habe »fast einen Arm und ein Auge verloren« durch die Schwere der ihr zugefügten Wunden.

Tags darauf wird im Gerichtssaal ein schriftliches Statement von John Baxter verlesen:

> Wer die Kleider nicht sofort hergab, wurde auf grausamste Weise mit Speeren getötet. Einmal, um Mitternacht, fanden wir uns plötzlich von 70 Schwarzen umringt. Wir versuchten uns zu verstecken, sahen uns aber einem Speerhagel ausgesetzt. Vier von uns töteten sie auf schlimmste

und barbarische Art. [...] Immer freuten sie sich lustvoll am Todeskampf ihrer Opfer. Und wenn diese zu schreien begannen, war dies das höchste ihrer Vergnügen.

Baxter übertreibt schamlos. Er erwähnt mehr weiße Mordopfer, als schließlich nach Schiffbruch und Meuterei Lebende übrig geblieben waren.

Nach der dritten Einvernahme verkündet der Lord Mayor stolz, dass bereits sehr viele Menschen, erschüttert über die Berichte, Hilfe und Unterstützung zugesagt hätten. »Ich wusste«, sagt Mr. Kelly im Schlusswort, »dass dies der Fall sein werde, denn so etwas Fürchterliches habe ich noch nie gehört, seit ich auf der Welt bin.«

533 Pfund und sieben Shilling (in heutiger Währung etwa 20 000 Euro) spenden die gerührten Briten für die gequälte Witwe.

FLÄCHENBRAND

Die Fraser-Story wird in London und via Provinzpresse in ganz England sofort zum Tagesgespräch. Flugblätter tauchen auf in Londons Straßen. Eines ist betitelt: *Wreck of the Stirling Castle. Horrib Treatment of the Crew by Savages.*

Darunter schwarz-weiß ein Bild, das den verworrenen Fantasien des Massenpublikums über Schwarze gerecht wird:

Palmlandschaft. Tumultszene. Im Zentrum Eliza mit weißem Mondgesicht, das Baby schützend im Arm. Sie sieht sich drei charakteristischen Schwarzafrikanern gegenüber, die wild gestikulierend und augenrollend auf sie einstechen oder -hacken. Vor ihr liegen abgeschlagene Häupter und herausgerissene Därme. Im Hintergrund Maori-Kriegsboote und ein englischer Dreimaster. Über der ganzen Szene steht der sengende Sonnenball. Bänkelverse verdeutlichen das Bild:

Ye mariners and landsmen all,
Pray list while I relate,
The wreck of the Stirling Castle
And the crew's sad dismal fate.
[...]
And when they reached the fatal shore,
It's name is called Wide Bay,
The savages soon them espied,
Rush'd down and seiz'd their prey,
And bore their victims in the boat,
Into their savage den,
To describe the feelings of those poor souls
Is past the art of man.
[...]
The chief mate too they did despatch,
By cutting off his head,
And plac'd on one of their canoes
All for a figure head.
Also, a fine young man they bound,
And burnt without a dread,
With a slow fire at his feet at first
So up unto his head.

*

Ihr Leute all' von Land und See
Hört zu, was ich euch sage
Von Stirling Castle's Schiffbruch und
Der Mannschaft Schicksalsplage.
[...]
Und als sie den Todesstrand erreicht,
Die Weißbucht heißt er heute,
Erspähten die Wilden sie sogleich
Und stürzten sich auf die Beute.

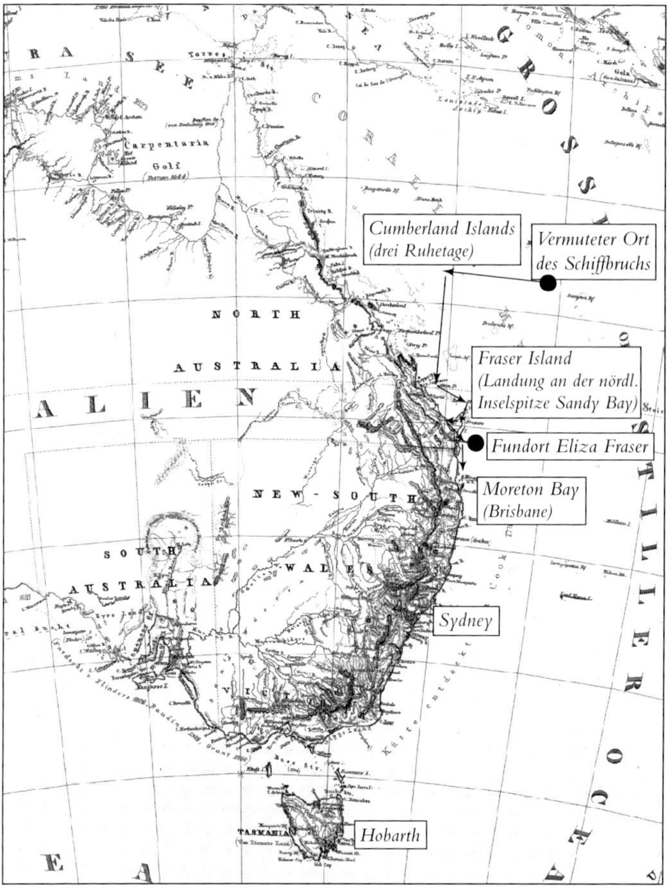

Ausschnitt Ostteil Australiens und Tasmaniens.
Schwer vorstellbar sind die großen Distanzen, die die Schiffbrüchigen in leckgeschlagenen Booten zurücklegen mussten.

Karte von W. Kiepert, »Australien und Polynesien«, Weimar 1849, mit freundlicher Genehmigung der Universitätsbibliothek Basel

Vier Gravuren aus John Curtis, »Shipwreck of the Stirling Castle«, London 1838

»Der Schiffsbauch war aufgeschlitzt, der Kiel zerbrochen, die Brigg lag quer zum Wasser.« Die untergehende »Stirling Castle«.

Captain Fraser wird von »hinterhältigen« Eingeborenen getötet.

Eliza erklimmt die Felsen, um ein Wasserrinnsal zu erreichen.

Bushranger John Graham rettet Eliza vor »tanzenden, kriegerischen Wilden«.

Gefangenenbrigade in Sydney um 1830.

aus: A. Earle, »Views In New South Wales And Van Diemen's Land«, Sydney 1830

John Baxter, Offizier auf der »Stirling Castle«, Neffe von Captain Fraser, hilft in London mit, die Schauermärchen Elizas auszuschmücken.

Gravur aus: John Curtis, »Shipwreck of the Stirling Castle«, published by George Virtue, London 1838

WRECK OF THE STIRLING CASTLE

Horrib Treatment of The Crew by Savages

A COPY OF MOURNFUL VERSES

Ye mariners and landsmen all,
Pray list while I relate,
The wreck of the Stirling Castle
And the crew's sad dismal fate.
In an open boat upon the waves,
Where billows loud did roar,
And the savage treatment they
receiv'd
When drove on a foreign shore.

The Stirling Castle on May 16th
From Sydney she set sail,
The crew consisting of twenty,
With a sweet and pleasant gale.
Likewise Captain Fraser of the
ship,
On board he had his wife,
And now, how dreadful for to tell,
The sacrifice of human life.

Eines der Flugblätter, wie sie auf Londons Straßen nach Elizas berühmt gewordenen Auftritten beim Lord Mayor zum Vergnügen des Publikums verteilt werden.

gedruckt bei J. Calnach of Seven Dials, London 1837

Sie packten und schleppten die Opfer ins Boot,
in die Wildenhütte fort.
Wie's den armen Seelen zumute war,
beschreibt kein menschlich Wort.
[...]
Auch schlugen sie dem ersten Maat
Das Haupt ab; nicht genug:
Sie setzten's als Galionsfigur
Auf eines Bootes Bug.
Auch banden sie einen Burschen fest,
und in grenzenloser Wut
verbrannten sie ihn, die Füße zuerst,
bis zum Kopf mit Feuersglut.

Auch Mr. Smith, der vom Paar Greene-Fraser konsultierte Baptistenpfarrer, übt sich in Lyrik: Er publiziert eine pathetische Ballade über Elizas totes Kind. In Marinezeitschriften sowie kolonialen Wochen- und Monatsblättern von Nordamerika bis Indien werden Elizas Leiden gebührlich gewürdigt. Besondere Beachtung findet überall die überzogene Geschichte von der Enthauptung und dem Verzehr des Matrosen James Major.

Wenige Monate nach Elizas Vernehmung in London erscheint in einem New Yorker Verlag bereits die Lokalversion des Dramas in Romanform: *The Narrative of the Capture, Sufferings, and Miraculous Escape of Mrs. Eliza Fraser.*

Anstelle der Aborigines sind auf den Illustrationen nordamerikanische Indianer im Federschmuck zu sehen, bewehrt mit Pfeil und Bogen. Den Seemann Brown erblicken wir an den Marterpfahl gebunden, und Eliza wird von einem indianisch-männlichen Prachtexemplar mit Federbusch auf dem Haupt als seine Squaw gerade eben ins büffelhautüberzogene Tipi (Zelt) abgeführt.

Eliza wird in Amerika zum Werbegeschöpf für die Expansion von Ost nach West. Tausende von Siedlern machen sich zu jener Zeit auf, im Westen des Kontinents ihr Heil und Auskommen zu finden. Die Indianer stehen ihnen dabei im Weg, und ähnlich wie in New South Wales fühlen sich die einstigen Europäer auch hier im Recht, die störenden Einheimischen zu verjagen.

Eliza Fraser liefert der kolonialen Welt einen Maßstab für die Verurteilung der ›Anderen‹ – und im Besonderen der australischen Einheimischen. So steht im *East India and Colonial Magazine* bereits im September 1837 zu lesen:

> Die Aufmerksamkeit des obersten Londoner Magistraten wandte sich letzten Monat dem beklagenswerten Fall von Mrs. Fraser und anderen zu, die wunderbarerweise nicht nur einen schrecklichen Schiffbruch, sondern auch furchtbare Grausamkeiten der Wilden in New South Wales überlebten. In deren Mitte waren sie geworfen worden und mussten die schlimmste Versklavung erdulden – kurz: Die meisten von ihnen wurden zu Tode gefoltert, und im Vergleich zu den angewandten Methoden verblassen die Untaten der spanischen Inquisition.

Elizas Schwindeleien im Mansion House, in Windeseile verbreitet und für bare Münze genommen, bescheinigen den Verfechtern der europäischen und amerikanischen Expansion die Rechtmäßigkeit ihres Handelns. Sie bestätigen ferner die christlichen Missionare in ihrer vermeintlich vornehmen Aufgabe, den im tierischen Urzustand lebenden Heiden den Glauben und die Zivilisation bringen zu müssen. Für die breiten Massen sind die Sensationsmeldungen makabres Vergnügen.

Dreistigkeit oder Dummheit?

Das eine oder das andere hat während der Aussagen vor dem Lord Mayor Eliza und Greene beflügelt und beide vergessen lassen, dass ihre stete Präsenz in der Presse auch in Liverpool zur Kenntnis genommen wurde.

Kurze Zeit nach dem ersten Hearing im Mansion House schreibt der Polizeipräsident von Liverpool, der das Pärchen dort einvernommen hat, einen Brief an den Lord Mayor in London:

> My Lord – Ich habe herausgefunden, dass eine Person, die sich Mrs. Fraser nennt, Witwe des unglücklichen Kapitäns der *Stirling Castle*, Ihrer Lordschaft eine Erklärung abgab zum Zweck, Mitleid zu erregen und Geld zu gewinnen. Ich glaube, es ist meine Pflicht, Sie zu informieren, dass diese Person vor wenigen Wochen hier landete, sich bei mir meldete und mir dieselben Details ihrer verzweifelten Umstände erzählte, die nun Ihre Lordschaft interessieren.
>
> Ich suchte Kontakt zum Bürgermeister und zu kirchlichen Stellen hier in der Stadt, welche die menschlich vergnügliche Aufgabe übernahmen, die Frau zu entlasten. Aber anlässlich des zweiten Interviews, das ich mit ihr hatte, schöpfte ich wegen der übertriebenen Darstellung ihrer Leiden in der Gefangenschaft Verdacht, und die Hilfeleistungen wurden ausgesetzt, bis die nötigen Fragen geklärt waren. Es kam heraus, dass sie in Sydney, New South Wales, den Kapitän des Schiffs geheiratet hatte, mit dem sie hier ankam. Er ist ein Mann in guten Verhältnissen, der seine Frau offenkundig nach London begleitete und sein Schiff hier in den Docks zurückließ. Kein Zweifel, dass beide einzig Geld scheffeln wollten, indem sie Ihre Lord-

schaft wie auch die Öffentlichkeit in die Irre führten. Ihr Mann mit Namen Greene ist jene Person, die so warmherzig die Darlegungen seiner Frau vor Ihrer Lordschaft bestätigte.

Ihre Erklärung hier bei mir, als ich ihr die Zumutung vorhielt, war, dass einzig der Mann die Schuld trage, der sie dazu verleitet habe, und sie wolle nun nach London, um sich von ihm zu trennen. Als ich Greene selbst befragte, bestätigte er diese Aussage und fügte hinzu, dass er sie mit dem Nötigsten ausstatten wolle. Immerhin blieben sie noch eine Weile, und ich selbst beobachtete die beiden mehr als ein Mal, wie sie elegant gekleidet in der Stadt gingen. Ein Matrose des Schiffs sagte mir, dass Mrs. Greene im Besitz einer großen Garderobe sei, und also ist die Frau des Kapitäns bestimmt nicht bedürftig.

Ich bin, my Lord, Ihrer Lordschaft untertänigster Diener
M.M.G. Dowling, Polizeichef

Peinlich für den Lord Mayor. Zunächst wiegelt er ab und sucht nach verschiedenen Zeugen – zum Beispiel in England lebenden Verwandten von Sekretären und Offizieren im australischen Moreton Bay – die brieflich von der Geschichte gehört haben und sich bereit erklären, Elizas Aufenthalt dort zu bestätigen. Als ob dies jemand bezweifelt hätte. Der Bürgermeister zögert aber allzu lange. Inzwischen hat nämlich die radikale Zeitung *Morning Advertiser* vom Brief des Polizeichefs Wind bekommen und packt die Gelegenheit beim Schopf, dem Torymitglied Kelly eins auszuwischen. Das Blatt druckt am 27. September die Epistel des Polizeioberen aus Liverpool ab und verkündet seiner großen Leserschaft in einem Kommentar, dass der Lord Mayor sich hinters Licht führen ließ und dabei nicht einmal den Anstand hatte, Liverpool zu antworten. Vermutlich sei Mr. Kelly einfach nicht geneigt zuzugeben, dass er sich für eine Unwürdige eingesetzt habe. Der Artikel entsetzt viele Geldgeber.

Nun tritt Eliza Greene-Fraser persönlich auf den Plan und antwortet – zum ersten Mal als Mrs. Greene – dem Herausgeber der Zeitung:

Sir

Als ich heute den *Morning Advertiser* durchblätterte, stieß ich auf die Kopie des Briefes, den ein gewisser M.G. Dowling, Polizeipräsident von Liverpool, an den Lord Mayor von London richtete, der aber nicht datiert ist.

Erlauben Sie mir, Sie und Ihre Leserschaft zu informieren, dass besagter Brief vor zirka einem Monat im Mansion House eintraf und dass der Inhalt nach sorgfältiger Analyse nicht dazu führte, den Sinn Seiner Lordschaft gegen mich zu wenden. Auch schließe ich nicht darauf, dass das Schreiben generell eine Wandlung bewirkte, obwohl der Brief nun dem Publikum öffentlich zur Kenntnis gebracht wurde.

Was die erhobenen Anklagen gegen mich betrifft, bitte ich, mich erklären zu dürfen, weshalb ich hierher kam. Dies wird, so vermute ich, jeden Verdacht von mir nehmen, ich sei eine Betrügerin.

In erster Linie kam ich nach London, um die Geschäfte von Captain Fraser zu regeln, dessen Transaktionen mit verschiedenen Agenten offen blieben, als das Schiff *Stirling Castle* aus den St. Katharine's Docks wegfuhr.

Zweitens gab man mir in Sydney den Rat, nach meiner Ankunft in Liverpool sofort den Kolonialminister aufzusuchen und ihn um Hilfe für meine drei Kinder zu bitten.

Sogleich nach meiner Ankunft in London ging ich ins Ministerium, bekam aber keine Audienz bei seiner Lordschaft und keine Antwort auf meine Petition. Nachdem ich fast eine Woche lang gewartet hatte und immer noch keine Kommunikation möglich war, fasste ich den Entschluss, als einzig mögliche Alternative persönlich beim Lord Mayor vorzusprechen. Nachdem er von meinen Leiden bei den Neu-Holländern und der Armut meiner Kinder erfahren hatte, drückte er seine Bereitschaft aus, den traurigen Zustand meiner Familie lindern zu helfen.

Ich möchte weiterhin festhalten, dass der Spendenaufruf einzig dem Wohl meiner drei Kinder dient.

Was die Behauptungen des Schreibers gegen Captain Greene betrifft, möchte ich ihn wissen lassen, dass Captain Greene kein Betrüger ist. Er ließ auch sein Schiff nicht in den Docks von Liverpool zurück in der Absicht, sich dem Lord Mayor von London aufzudrängen, sondern um seine privaten Geschäfte zu erledigen und dann nach Neuseeland zurückzukehren.

Ich bin, Sir, respektvoll Ihre

E.A. Greene (früher Fraser)

Das Schreiben umgeht das heikle Thema der vertuschten Ehe, schiebt die Kinder in den Vordergrund, desavouiert mit einem Seitenhieb den Kolonialminister und lässt vermuten, dass der Lord Mayor selbst Elizas Feder führte. Aber der Magistrat sieht sich gezwungen, auch noch persönlich zu reagieren, und er veröffentlicht in den beiden großen Londoner Zeitungen eine Stellungnahme:

Es sei jetzt der Zeitpunkt gekommen, so schreibt Mr. Kelly, zuhanden der wohlwollenden Spender eine Erklärung abzugeben. Bei ihrer Befragung habe Mrs. Fraser ihre Wiederheirat zwar verheimlicht, aber aus Briefen sei ihm bekannt gewesen, dass zumindest die Erzählungen ihrer Leiden der Wahrheit entsprechen. Im Moment müsse man jedoch einzig ans künftige

Wohl der drei Kinder denken, und Mrs. Greene werde ohnehin nur ein kleiner Teil des Geldes ausgehändigt, den Hauptteil leite er nach Orkney weiter.

Captain Greene, von einem beunruhigten pfarrherrlichen *Times*-Leser und Wohltäter persönlich befragt, gibt die Heirat ohne weiteres zu und bedauert im Nachhinein die Verheimlichung. Einen Betrüger will er sich allerdings nicht schelten lassen. Er verweist auf die australischen Dokumente seiner Frau als »Witwe Fraser«, die ihre Erlebnisse bestätigen. Greene stellt dem Pfarrer die Gegenfrage: »Was wäre geschehen, hätte sie sich vor ihrer heimatlichen Regierung nicht als Witwe, sondern als neu verheiratet präsentiert?«

Dreistigkeit oder Dummheit?

Harsch reagiert die Presse in Sydney, als die englischen Blätter nach einiger Zeit dort ankommen. Am 25. Januar 1838 schreibt die *Sydney Gazette*:

> Die neulich eingetroffenen englischen Zeitungen sind voll vom katastrophalen Untergang der *Stirling Castle* im Mai 1836. Unsere kolonialen Leser sind längst vertraut mit den furchtbaren Details, sodass wir diesen Boden nicht mehr pflügen wollen. Was jedoch die Aussagen vor dem Lord Mayor betrifft, müssen wir das britische Publikum aufklären und unsere Mitkolonisten von dem Makel befreien, dass sie Mrs. Fraser nicht genügend unterstützt hätten.
>
> Wir wollen die Leiden der Schiffbrüchigen, ihren Lebensmittel- und Kleidermangel, ihre Fahrt im offenen Boot und ihre Torturen durch die blutrünstigen Wilden zwar nicht herabmindern, aber wir halten fest, dass das Bild stark verzeichnet ist und die verschiedenen, erst hier in der Kolonie und später vor dem Lord Mayor gemachten Aussagen höchst widersprüchlich tönen. Die grundsätzlichen

Tatsachen sind wahr und die Überlebenden haben ein Recht auf menschliche Anteilnahme. Mrs. Frazer und Mr. Greene aber tragen beide die Verantwortung für ihre unentschuldbare Undankbarkeit und das Verschweigen der Zuwendung, die sie in Sydney erfuhren. Eine großzügige Spende wurde Mrs. Fraser vor ihrer Abreise übergeben. Alle, die nicht mit den Tatsachen vertraut sind und die britischen Zeitungen lesen, gelangen zur Überzeugung, dass die Bevölkerung Sydneys Mrs. Fraser nach ihren unvergleichlichen Erlebnissen ohne Hilfe ziehen ließen. Aber mehr als 400 Pfund wurden ihr übergeben – vor ihrer Heirat mit Captain Greene. Wir nehmen es ihr nicht übel, wenn sie das englische Publikum rühren möchte, aber dann bitte wahrheitsgemäß. Captain Greenes Verhalten ist ebenfalls höchst tadelnswert, wenn er die Heirat geheim hält und mitteilt, dass die Dame keinen Pennie besitzt. Es ist nun zu spät, dem englischen Publikum zu sagen, es solle sich nicht von den beiden übertölpeln lassen. Aber es ist nicht zu spät, die Flecken auf unserem nationalen Charakter zu entfernen.

Tretmine

> Die hier folgenden Seiten sind mir erzählt worden mit den Lippen der Wahrheit, ich schreibe sie nieder mit getreuer Feder, und mein Ziel ist die moralische Lektion sowie die notwendige Belehrung in unserer ach so aufgeklärten Zeit. Auch der oberflächlichste Leser wird den rätselhaften Umgang Gottes mit seinen Geschöpfen dankbar zur Kenntnis nehmen und dem Wort des königlichen Propheten beipflichten: »Alle dunklen Orte auf der Welt sind voll der Grausamkeit.«

Mit den »dunklen Orten« sind Hautfarbe und Heimat der australischen Aborigines gemeint.

Die Sätze stehen in der Einleitung von John Curtis' »melancholischem Rezital« – wie er seinen 1838 erstmals erschienenen Buchtext nennt. Der langatmige Titel der Dokumentation heißt:

Shipwreck of the »Stirling Castle«, a faithful Narrative of the dreadful Sufferings of the Crew and the cruel Murder of Captain Fraser by the Savages. Also, the horrible Barbarity of the Cannibals inflicted upon the Captains Widow, whose unparalleled Sufferings are stated by herself, and corroborated by the other Survivors.

Schiffbruch der »Stirling Castle«, eine wahrheitsgetreue Erzählung der furchtbaren Leiden der Besatzung und der grausamen Ermordung des Kapitäns Fraser durch die Wilden. Und auch der schrecklichen Barbarei, welche die Kannibalen der Kapitänswitwe zufügten, und deren beispiellose Leiden sie selbst erzählt und von den anderen Überlebenden bestätigt werden.

John Curtis ist im Mansion House zugegen, als Eliza Fraser ihre Aussagen macht. Ob als Berichterstatter für die Londoner Presse oder lediglich als Zuhörer, ist nicht bekannt. Von Beruf ist Curtis Publizist und fasst anlässlich der Verhandlungen den Plan, diese gebeutelte Frau um jeden Preis vor allfälligen Verleumdern in Schutz zu nehmen und die Geschichte des Schiffbruchs umfassend aus ihrer eigenen Sicht zu erzählen.

Curtis' Werk ist eine Tretmine. In Stil und Aufmachung ein Abenteuerroman – damals die beliebte Unterhaltung aller Schichten –, verbirgt es den politischen Zündstoff geschickt unter der Oberfläche. Die Botschaft lautet: Wer die Ausrottung der australischen Urbewohner betreibt, jener »Söhne und Töchter der Ignoranz und der Grausamkeit«, handelt rechtens und lässt sich nicht irrtümlich von den modischen, aufklärerischen Ideen verführen, die menschliche Würde sämtlichen Rassen zuzubilligen. Zu Curtis' Zeit waren Massaker in Englands australischer Kolonie Tasmanien längst schon im Gange. Solche Untaten stießen in England auf Kritik und bedurften der Rechtfertigung. Schlau verpackt der Autor seine rückständige Gesinnung in die Berichterstattung über den Schiffbruch – ein begehrtes Thema in jener Zeit, von dem die Leute nie genug bekommen konnten – und über die unvorstellbaren Leiden von Weißen in den Händen schwarzer Eingeborener, die »nichts anderes im Sinn haben, als weißes Fleisch gierig zu verzehren«.

Es wäre aber fahrlässig, Curtis' bombastischen Anlauf zur Verherrlichung der weißen Rasse im Allgemeinen und der kolonialen Überlegenheit Großbritanniens im Besonderen in der Rückschau zu belächeln und sein »Rezital« bloß als reaktionäres Kuriosum einzustufen. Sogar nach heutigen Kriterien wirkt das Buch nämlich sehr sorgfältig recherchiert. Umfangreiche Fußnoten – sie machen ein Drittel des Texts aus – nehmen Rücksicht auf die damalige Neugier der Leserinnen und Leser, informieren über allerlei Wissenswertes in den Sparten Geschichte, Geografie, Botanik, Tierwelt, Schifffahrt. Dass die lächerlichen Schwarzen in den Straßen Sydneys splitternackt auf ihren »dunklen Pfoten« gehen, erfahren wir aus den Anmerkungen ebenso wie umfassende Abhandlungen über koloniale Stadtgründungen und Siedlungsstrategien oder – als ehepsychologischen Exkurs – des Autors persönliche Ansicht über Altersunterschiede bei Paaren wie Eliza und John Fraser sowie den Heroismus, die Zärtlichkeit und Opferbereitschaft der viel jüngeren Frau generell und Elizas im Speziellen. Curtis zieht alle Register und bedient viele Interessen. Er vergisst natürlich auch den Lobgesang auf das Christentum und seine Missionare nicht, flicht fromme Hymnen in den Text oder wagt sogar kühne Hinweise auf beliebte literarische Werke wie etwa Defoes *Robinson Crusoe*, mit dem er sich gerne verglichen sähe.

Dem Buch *Shipwreck of the Stirling Castle* war großer Erfolg beschieden, in England wie auch in den Kolonien. Der Text steht jetzt noch hoch im Kurs und ist überall dort als Quelle beliebt, wo Eliza Frasers Schatten aus der Vergangenheit auftaucht. Auf den explosiven politischen Inhalt wurde bislang kaum hingewiesen.

Curtis hat nach eigenem Bekunden viele Tage lang mit drei in die Heimat zurückgekehrten Überlebenden des Schiffbruchs als seinen Informanten zusammengesessen: mit Eliza Fraser, dem Schiffsoffizier John Baxter und dem Matrosen Robert Darge. Er hat ihnen Fragen gestellt und die Aussagen aufgezeichnet. Als Spezialist für die Navigationstechnik stand überdies Captain John Greene zur Verfügung, Elizas zweiter Mann. Er wurde auch gebraucht, wenn es um geografische Details und die Gefahr von Riffen ging. Curtis bemühte sich zum Beweis seiner Lauterkeit noch um Zusatzauskünfte von Verwandten der Crew, bezog Briefwechsel mit ein – kurz: Der Verfasser hat saubere journalistische Arbeit geleistet. Er ist die Stimme, mit der Eliza spricht. Oder genauer: Sie ist die Stimme, mit der er spricht. Aus ihren Erfahrungen destilliert er seine klobigen Rassenansichten. Ihre Sicht der Aborigines wiederum wird in Curtis' Darstellung für lange Zeit den Umgang der weißen australischen Siedler mit der schwarzen Bevölkerung prägen. Besorgt um die notwendige Ergriffenheit – oder auch zur Manipulation – seiner Leserinnen und Leser, fügt Curtis dem Text noch ein Idealporträt von Eliza bei: In Stahl gestochen sehen wir das Brustbild einer jüngeren, züchtig blickenden Frau im Witwenhäubchen.

Verglichen mit Elizas erster Version ihrer Erlebnisse in Moreton Bay kurz nach der Befreiung, verglichen sogar mit ihren Aussagen in der australischen Presse und vor dem Lord Mayor, ist Curtis' »Rezital«, veröffentlicht zwei Jahre nach den Geschehnissen, ein kolonialpolitisch tendenziöses Machwerk. Welchen Anteil Eliza Fraser wörtlich an seinen verzerrten Interpretationen der Einheimischen in Queensland hat, ist nicht mehr zu entschlüsseln. Unbestritten aber ist, dass die Kapitänsfrau nach der Heimkehr in die Londoner »Zivilisation« die Zeichen der Zeit verstanden und als kurz leuchtender Stern der Medien die gängigen Meinungen über zerstörungswürdige Steinzeitkulturen in den Kolonien untertänigst unterstützt, wenn nicht sogar geprägt hat.

John Curtis bestätigt am Anfang seines Opus wortreich, dass er in Elizas eigenen Worten die Kunde vernommen habe, wie sie ihre »satanische Versklavung« erlebt, wie sie als Leibeigene gehalten worden war und nur dank ihrer Unerschrockenheit und ihrem Mut durchgehalten hatte. Ihre Rede sei stets offen und direkt gewesen, so Curtis, und damit der beste Beweis für die Zuverlässigkeit der Aussage. Nach solchem Präludium legt er eine sechsstrophige Hymne ein. Die ersten Verse lauten:

God moves in a mysterious way
His wonders to perform;
He plants his footsteps in the sea,
And rides upon the storm.

*

Gott geht geheimnisvolle Wege, um
Seine Wunder zu vollbringen;
Er setzt seinen Fuß in die See
und reitet auf dem Sturm.

Vom Moment an, als die *Stirling Castle* mit dem Riff zusammenstößt und die Leiden aller Beteiligten ihren Anfang nehmen, entfernt sich Elizas Geschichte bei Curtis deutlich von ihrer offiziellen ersten Version und auch von den Berichten der anderen Überlebenden.

Auch dem Chronisten Curtis gibt sie – wie schon dem Lord Mayor im Mansion House – ihre Schwangerschaft und die Geburt des Kindes im Langboot bekannt. Wir lesen, dass sie »am vierten oder fünften Tag nach Verlassen des Wracks von der Stunde der Kümmernis der Natur« (the hour of nature's sorrow) überwältigt wurde, das heißt: Sie spürt Wehen und kommt vorzeitig nieder – »knietief im brackigen Bootswasser kauernd«, wie sie wörtlich mitteilt. Das Kind lebt nur kurz, stirbt nach wenigen Atemzügen. Einer der Männer reißt sich ein Stück Stoff vom Leib, hüllt das Neugeborene darin ein und wirft es über die Bordwand ins Meer. Ob es ein Junge oder ein Mädchen war, erfahren wir nicht. Curtis kommentiert überschwänglich: »Kaum trat das Kind in den Ozean der Zeit, schloss es seine Augen wieder und landete im gesegneten Hafen der Ewigkeit.«

Eliza erzählt ihrem Interviewer, schon während der Wehen sei sie bewusstlos geworden und habe auch nach der Geburt noch eine ganze Weile kaum realisiert, was um sie herum geschehen sei. Plötzlich habe sie ein Kind gesehen – ihr eigenes –, habe einen kurzen Blick auf das Wesen geworfen und sei gleich wieder bewusstlos geworden.

Elizas Darstellung ist knapp, aber anschaulich, die Schilderung ihres Zustands so wirklichkeitsnah, dass eine Schummelei ausgeschlossen scheint. Bedauerlich nur, dass Curtis von den anderen beiden Informanten keine Bestätigung des Vorgangs erbat. Aber Sitten und Prüderie jener Zeit verboten Männern den Blick hinter weibliche Geheimnisse oder gar den direkten Hinweis auf Einzelheiten einer Entbindung. Schwangerschaften fanden damals in der englischen Männerwelt keine Erwähnung, oder höchstens in dem Sinn, als es einem Ehemann erlaubt war, nebenbei zu sagen, seine Frau werde zu einem voraussehbaren Zeitpunkt »ans Bett gefesselt« sein.

Der Kapitän John Fraser, quengelnd, verängstigt, unfähig, mit der Situation umzugehen, ist Elizas Hauptsorge nach dem Unglück. Beim Gedanken an die Eingeborenen, jene »hinterlistigen, sanguinischen Neu-Holländer auf dem Nullpunkt der Zivilisation«, gerät er in Panik. Als Fraser dann tatsächlich einige Schwarze vor sich sieht, die gebieterisch nach den Navigationsinstrumenten greifen, klammert er sich hilflos an die Frau. Sogleich erkennt sie die räuberischen Absichten dieser »fürchterlichen Marodeure«. Vor den Augen des Kapitänspaars zerbrechen sie den Sextanten in Stücke und stecken sich Teile davon als Trophäen ins Haar.

Curtis konstruiert seine Politstory äußerst geschickt. Nach drastisch geschilderten Begegnungen zwischen Weißen und Schwarzen setzt er kurze Pausen der Reflexion: Wie wäre es, wenn sich die beiden Welten näher kämen? Das ist leider deshalb unmöglich, weil es für die Steinzeitwesen gar keine Basis der Annäherung gibt.

»Diese Barbaren haben nicht einmal Häuptlinge, kennen keine gegenseitigen Kontrollmechanismen. Vielleicht ist dieser Umstand die unüberwindbarste Hürde auf dem Weg zur Zivilisation und verzögert den Aufstieg von ihrem minderwertigen Zustand«, schreibt Curtis in einer Anmerkung.

Ein einziges Mal spricht Eliza auch von einladenden, freundlichen Gesten der Fremden, die vom Kapitän jedoch stets abgewiesen werden. Sie gibt zu, dass demonstrative Abneigung naturgemäß Aggression weckt bei den Einheimischen. Die Situation der weißen Gruppe verschärft sich mit jedem Tag. Es kommt zu Wortgefechten mit den Schwarzen, beiderseits unverstanden, aber Ton und Gebärden sind deutlich genug. Feindseligkeiten brechen aus. Die erste Waffenattacke der Aborigines gilt John Fraser, ein Speer durchbohrt seine Wange. Wenig später werden allen die Kleider vom Leib gezerrt, auch Eliza. Immer größere Gruppen von Eingeborenen umringen jetzt die Schiffbrüchigen, und angesichts der Übermacht zeigt sich sogar John Fraser überzeugt, dass Gehorsam im Vertrauen auf Gott die einzige Lösung sei, die heikle Lage heil zu überstehen.

Nachdem Curtis fesselnd und einleuchtend dieses unentschlossene, beide Seiten verunsichernde Hin und Her gezeichnet hat und sogar noch Hoffnung offen lässt, wendet er die Erzählung abrupt mit dem Hinweis auf eine Episode, in der weiße

Gutgläubigkeit der schwarzen Niedertracht grundsätzlich unterlegen ist.

John Fraser geht auf einen alten Mann mit Riesenbart zu, bedeutet ihm, er wolle mit ihm in Kontakt treten. Der Alte nähert sich mit viel Würde, nimmt erst Frasers Kinn in die Hand und reibt dann beide Hände auf und ab über den nackten Körper des Kapitäns. Er blickt dem Weißen dabei prüfend in die Augen, stößt dann aber plötzlich und unvermutet einen gellenden Schrei aus, sodass »die Felsen erzittern«. Eigentlich drücken die Bewegungen des Alten Freude aus, so scheint es Eliza zuerst. Aber dann werden die weißen Männer ohne Vorwarnung wie Tiere in den Busch getrieben, und sie bleibt völlig allein gelassen ganze zwei Tage lang am Strand.

Am Abend des zweiten Tags taucht eine Gruppe schwarzer Frauen auf. Sie verhalten sich feindselig, werfen mit nassem Sand nach Eliza, bis ihre sonnenverbrannte Haut über und über zugekleistert ist und rasend schmerzt. Nun zerren sie die Weiße an Armen und Beinen in den Busch zu ihrem Lager. Eine der Frauen hat zwei Kinder bei sich, das eine, einen Säugling, trägt sie um den Nacken geschlungen, ein anderes führt sie an der Hand. Das größere Mädchen ist von Schwären voller Würmer bedeckt, die es herausklaubt und isst. Eliza wird befohlen, sich um dieses kranke Kind zu kümmern. Sie tut es voller Abscheu und sagt:

> Die ärmste Kreatur war von der rechten Schulter bis zum Hüftgelenk voller eiternder Wunden, schien aber kaum unter Schmerzen zu leiden. Der Mangel an Lebensmitteln war derart, dass die kleine Kranke tatsächlich die Würmer pickte, die in ihrer aufgescheuerten Haut auf Beutezug waren. Sie forderte mich freundlich auf, mitzuessen.

Szenenwechsel: Im selben Jahr, als Eliza bei den Aborigines gefangen sitzt, lebt in London der 24 Jahre alte Journalist Charles Dickens, der die Verwahrlosung und Armut in der Hauptstadt des großen Reichs immer wieder zu seinem Thema macht. Dickens berichtet von Billigstunterkünften damals, zehn Leute – lebend oder auch schon tot – in einem Raum, wo die Exkremente in den Zimmern, Kochwinkeln, Kellern so vielschichtig gehäuft liegen, dass ein Durchkommen schier unmöglich ist. Und er zitiert den Polizeirapport über das Sterben einer Frau, die mit Sohn und Mann ohne Möbel in einem Loch vegetiert hatte:

> Die Frau lag tot neben ihrem Sohn auf einem Berg Federn, die als Decke über ihren nackten Körper gestreut waren. Die Federn waren derart mit der Haut verklebt, dass der Arzt den Körper zuerst reinigen musste. Er fand Wunden mit Würmern drin und die Frau verhungert.

Nach vier Tagen im Frauenlager trifft Eliza beim Holzsammeln unerwartet ihren Mann im Busch. Seine Rückenhaut hängt in Fetzen herunter, verbrannt von der Sonne. »Eliza«, sagt er bittend, »kannst du mir nicht helfen, diesen Baumstamm zu ziehen? Du bist so viel stärker als ich.« Während des unerlaubten Gesprächs sieht sie mehrere Schwarze herankommen und ist alarmiert. Sie versteckt sich hinter einem Baum und beobachtet, wie einer seinen Speer in der Hand wiegt und ihn gegen Fraser schleudert. Die Waffe durchbohrt den Kapitän an der Schulter. Sogleich fließt Blut aus seinem Mund, den Ohren und der Nase. »Oh Jesus von Nazareth!«, ruft Eliza aus, und mit »der Kühnheit einer Wahnsinnigen« – so Curtis – stürzt sie sich auf den Sterbenden. »Eliza, ich bin tot«, sind seine letzten Worte. Sie fühlt »ihr Hirn schwimmen« und hört Töne von Glocken, bevor sie ohnmächtig wird. Als sie das Bewusstsein wiedererlangt, liegt sie in einer Hütte, wohin sie die Frauen gebracht haben.

Zwei Monate nach der Befreiung hatte Eliza in der Redaktionsstube der *Sydney Gazette* erzählt, dass Fraser noch mehrere Stunden lebte und sie bei ihm wachte. Und in ihrer ersten Version hatte sie behauptet, Fraser habe noch einige Tage gelebt, allein liegend, aber keiner habe sie zu ihm gelassen.

Elizas Alltag bei Curtis: Honigsammeln in den Bienenstöcken auf den obersten Ästen der hohen Bäume. Sie lernt Stufen in die Stämme schlagen und hochklettern. Wenn es nicht schnell genug geht, wird sie körperlich bestraft von diesen Wesen, »schlimmer als Bluthunde«. Findet sie die Waben leer, muss sie die Larven abliefern. Sie wird gezwungen, nach Wasserlilienwurzeln zu tauchen, verletzte Vögel einzusammeln, die sie immer abgeben muss. Sie ist gehalten, Wasser zu suchen und herzubringen, Holzbündel zu schleppen. Ihr Essen ist das, was die andern nicht mögen: abgenagte Fische, Känguru-Karkassen, Innereien von Schlangen. Es ist Winter in jenen Zonen. Die Nächte sind kalt, oft regnet es, Eliza liegt ohne Decke auf dem Boden. Von ihren schlimmsten Qualen will sie nicht sprechen, sie »umhüllt das Durchlebte mit einem Schleier«, und wenn sie dennoch Andeutungen macht, dann sträubt sich Curtis' Feder, das Gehörte niederzuschreiben. Er zeigt sich stets aufs Neue erstaunt, wie viel ein Mensch zu ertragen vermag. Sein Blut gefriert beinahe vor Erschütterung.

Und dann passiert die Geschichte mit Charles Brown, dem Ersten Offizier, dessen Tod Eliza in ihrer ersten Version harmloser, aber auch plausibler dargestellt hat. Dort erzählte sie, dass dem halb verhungerten Brown mit Feuerstecken Brandwunden an den Füßen zugefügt wurden, an denen er schließlich gestorben sei. Es ist belegt, dass die Aborigines in kalten Nächten mit Feuerstecken jeweils den Kreislauf zu beleben versuchten, und also denkbar, dass sie dem entkräfteten, halb toten Brown helfen wollten. Vermutlich ist Brown den Strapazen erlegen.

Curtis dramatisiert das Geschehen jedoch ganz in seinem Sinn: Wieder einmal begegnen sich Eliza und Brown zufällig. Brown wirkt erschöpft und sitzt niedergeschlagen auf der Erde. Sprechen dürfen sie nicht miteinander, so bedeutet sie ihm mit Gesten, dass alles schon besser werde. Plötzlich kommen einige Eingeborene auf Brown zu und heißen ihn aufstehen. Aus Erschöpfung oder Angst oder beidem gehorcht er nicht sofort. Sie reißen ihn an beiden Armen hoch und machen Zeichen, dass sie ihn zu einer Mahlzeit führen wollen. Als Eliza ihnen nachgeht, werden sie böse und züchtigen sie hart. Nach zwei Stunden erscheint die »scheußliche Horde« erneut und diskutiert heftig, diesmal auch mit ihren Frauen. Einige bedeuten Eliza, ihnen zu folgen, führen sie durch eine kleine Schlucht und gelangen nach etwa einer Meile zu einem offenen Platz. Als Eliza den ausgestreckten Fingern nachblickt, sieht sie Brown an Händen und Füßen an einen Baum gebunden, unter ihm lodert ein Feuer. Er krümmt sich vor Schmerz, und Eliza wird ohnmächtig. Als sie zu sich kommt, bittet Brown, sie möge, falls sie jemals wieder in die Heimat gelange, seine Verwandten benachrichtigen über sein furchtbares und barbarisches Ende. Sie hört ihn zu Gott beten, dessen Wort ihn immer schon getröstet hat. Ob Browns Körper nur teilweise oder ganz verbrannt ist, kann sie Curtis nicht sagen, weil »ihr Fleisch und ihr Herz versagten.«

RUNDUMSCHLAG

John Curtis, nun ganz in seinem Element, fühlt sich an dieser Stelle zu einem Rundumschlag herausgefordert:

> Wenn Mrs. Fraser generell über die Barbaren spricht, sagt sie, dass sie eindeutig Freude haben an der Grausam-

keit. Sie bekam diese Lust am eigenen Leib zu spüren, wie ihre Narben von Keulenschlägen, Speer- und Brandwunden beweisen. Diese Scheusale gaben sich aber nicht zufrieden mit dem Zufügen von Brandwunden. An besonderen Gala-Tagen (sic!) nahmen sie ihre Opfer mit in ein Kanu, warfen sie dann über Bord und frohlockten, wenn die Ärmsten im Wasser gegen das Ertrinken kämpften.

Vor allem von den Frauen wurde Eliza gequält. Manchmal, wenn ihr jemand ein Stück Schlange oder einen Fischschwanz zuwarf, stürzte sich eine der Frauen dazwischen und riss ihr den Bissen weg. Sie hassten es, wenn ein Familienmitglied zu ihr freundlich war. Dennoch brachte Eliza es fertig, alles zu ertragen, um ihrem sicheren Tod zu entgehen. Sie bat Gott, sie zu erlösen von diesen blutrünstigen und grausamen Menschen. Mit ihren eigenen Worten sagt sie: »Die Geschichten über Wilde, die wir als Kinder hörten, oder die Darstellungen des Lebens von Wilden, die wir als Erwachsene im Theater sahen, sind Lappalien und schwacher Abklatsch verglichen mit dem, was wir mit eigenen Augen sahen. Als ich am Anfang das Benehmen dieser Wilden beobachtete und ihr schreckliches Geheul hörte, erwartete ich nichts als Zerstörung. Obwohl sie mein Leben verschonten, hätte ich doch nie gedacht, dass ich einmal Zeugin dieser abscheulichen Szenen und Beleidigungen sein würde. Meiner Meinung nach gibt es punkto Benehmen und geistigem Verhalten keinen Unterschied zwischen ihnen und den Bestien des Waldes. Oder falls es ihn gibt, sind die Letzteren weniger erfindungsreich in ihrer Grausamkeit. Wie das Vieh leben sie, und wie das Vieh sterben sie.«

Sechs Wochen dauerte Elizas erzwungener Aufenthalt bei den Aborigines, ohne Zweifel eine Zeit der Angst und des Leidens, aber vor allem auch der Missverständnisse. Dass sie durchkam, ist ein Wunder. Dass ihr Abenteuer nach der Befreiung in der kolonialen Welt großes Aufsehen erregte, erstaunt keineswegs. Elizas Erlebnis ist eines der seltenen Beispiele in der Kolonialgeschichte, die dem Publikum schwarz auf weiß – in Form von Dokumenten, Zeitungsartikeln und außerdem einer auf Sensation getrimmten Chronik – die gefürchtete Umkehr der Machtverhältnisse real vor Augen führte: Die Weißen treten nicht wie gewohnt als Sieger auf, sondern als Erniedrigte, als Opfer derer, die sie selbst als Vieh bezeichnen. Solche Wilde müssen entweder zwangsweise zivilisiert oder eben ausgerottet werden.

ZEITZEUGEN GEGEN ELIZA

»Diabolisch«, »räuberische Schurken«, »Brüder von Bluthunden«, »Teufel in Menschengestalt«, »Affen«, »wilde Tiere« nennt John Curtis in Komplizenschaft mit Eliza Fraser die Aborigines.

Nicht alle Weißen jedoch verachteten die Schwarzen. Es sind Zeugnisse englischer Reisender erhalten oder Aussagen von Siedlern aus Elizas Zeit überliefert, die ganz andere Bilder von der australischen Urbevölkerung zeigen. Es gab einzelne wenige Europäer, die kritisch auf die eingespielten Verleumdungen reagierten. Einer von ihnen war Charles Darwin, der anlässlich seiner Weltumseglung mit der *Beagle* 1836, im selben Jahr wie Eliza, in Sydney landete. In seinem Tagebuch notiert er einen Ausflug in die Blue Mountains:

> Ich hatte Glück. Gegen Sonnenuntergang traf ich auf eine Gruppe von Eingeborenen. Jeder trug ein Bündel Speere in der Hand. Ich gab dem Anführer einen Schilling, und zu meiner Unterhaltung warfen sie ihre Speere. Ihr Benehmen war wohlanständig und keinesfalls entwürdigend, wie ich das immer wieder hörte. In den ihnen eigenen

Künsten sind sie bewundernswert. Mit dem Speer treffen sie ein Ziel auf 30 Meter Distanz mit der Schnelligkeit eines Pfeils. Menschen oder auch Tieren folgen sie mit dem wunderbarsten Spürsinn. Viele ihrer Bemerkungen sind sehr scharfsinnig. [...] Es ist das Verhängnis der Weißen, den Schwarzen ihr angestammtes Land zu stehlen.

Ein anderer Gewährsmann und früher Beobachter des Alltags der Aborigines, Tom Petrie, war als Sohn eines Ingenieurs 1837 mit der Familie in die Nähe von Moreton Bay gezogen und hatte mangels weißer Spielgenossen seine ganze Jugend mit schwarzen Gefährten verbracht. Petrie kannte ihre Sprachen, Sitten, Rituale, die Jagd, Kriege und Feste. Als einziger Weißer war er zugelassen zu Zeremonien, von denen ohne seine Erzählungen heute niemand mehr wüsste.

Die Berichte über vielfältige Ängste, die den Tages- und Lebensablauf der Aborigines beherrschen, über gefährliche Geister, Zauber, die Macht von Träumen, über kriegerische Vergeltung und überall zu gewärtigenden Tod sind Bestätigungen steter Bedrohung. Seine Schilderungen der aufwändigen Suche nach Nahrung, nach Brennholz, nach Wasser zeigen die Risiken des Lebens im Dschungel. Auch der Kannibalismus ist für Petrie kein Tabuthema. Entgegen den Märchen der Weißen gebe es aber keine Tötung zum Zweck, den Hunger zu stillen. Bewunderte gefallene Krieger hingegen würden immer verzehrt, ebenso »Priester« – wie alt sie auch sein mochten. Ihre Kraft wird auf die Esser übertragen.

Fesselnd sind Petries Berichte über »Corroborees«, die er miterlebte, große Stammesfeiern, bei denen bis zu siebenhundert Aborigines von weit her zusammenkamen. Er erzählt von großen Lagerfeuern, Geschichtenerzählern, Gesängen, Tänzen, Schaukämpfen – die Streiter im vollen Kriegsschmuck. Diese

»Reportagen« sind deshalb informativ, weil einige der heutigen Schriftsteller, die Eliza zur Heldin erkoren, drastische Bilder von »Corroborees« ins Zentrum stellen. Sie geizen nicht mit überspannten Darstellungen ekstatischer Szenen und zeigen die »gefangene« Weiße stereotyp als kultisches, sexuell ausgebeutetes Opfer.

Dank der Dokumentation Tom Petries wird in jedem Fall deutlich, mit welchen ungewohnten Nöten und übersinnlichen Vorstellungen sich Eliza auf Fraser Island konfrontiert sah.

DER REGENBOGENGOTT

»Butchulla« nannte sich eine der großen Aborigine-Gruppen, die seit Jahrtausenden auf der »Great Sandy Island« – jetzt Fraser Island – lebte, bis sie 1904 endgültig vertrieben wurde. Ihre Nachkommen sind heute fast ausgestorben. Die wenigen, die noch da sind, kümmern sich tatkräftig um beinahe vergessene Traditionen ihrer Vorfahren.

Eine Vertreterin der Butchulla, die betagte Olga Miller, die Tochter einer Engländerin und eines Aborigine, nahm vor wenigen Jahren teil an einer Fraser-Tagung, weil sie mit der Schiffbruchgeschichte seit ihrer Jugend vertraut ist. Auf ländlichen Jahrmärkten in Queensland pflegten Eliza-Darstellerinnen ihre aufgemalten Wunden zur Schau zu stellen – zum Gaudi der weißen Siedler.

Vor den versammelten Fraser-Gelehrten erzählte sie die Schöpfungsgeschichte der Insel, und Eliza wäre wohl verwundert gewesen, hätte sie die feinsinnige Legende über jenen Ort vernommen, der jetzt den Namen ihres Mannes trägt:

Vor langer Zeit schickte Beeral, der Regenbogengott, seinen Boten Yindingie zur Erde, um Land zu erschaffen. Mit von der Partie war ein schöner weiblicher Geist namens

K'gari. Beide arbeiteten hart und gestalteten all die schönen, weit geschwungenen Küsten des Festlands. An einem Punkt sagte Yindingie zu K'gari: »Ruh dich ein bisschen aus. Geh, lieg auf jenen Felsen im Wasser.« Das tat sie und schlief ein. Als sie aufwachte, waren die weißen Buchten und kleinen Inseln, ein großer Berg und der Fluss fertig. »Es ist so schön hier, ich möchte bleiben«, rief K'gari. »Das geht nicht, weil du ein Geist bist. Du musst zurück in die Geisterwelt«, antwortete ihr Partner. Sie bettelte, weil sie sich so wohl fühlte an diesem Ort. Schließlich gab Yindingie nach und verwandelte sie in eine prächtige Insel, bedeckte sie mit Bäumen und Büschen, Blumen und Farnen. Er gab ihr kleine Seen als Augen, so konnte sie nach oben blicken und ihre Geisterfreunde sehen. Dann schuf er noch Vögel und Tiere und zu guter Letzt ein paar Menschen. Denen zeigte er, wo und wie sie am besten leben können. Er breitete beide Arme weit aus und erklärte ihnen: »Seht, dies ist euer Land, aber ihr müsst es gut pflegen.« Er gab ihnen drei Gesetze: »1. Was dem Land Nutzen bringt, kommt zuerst. 2. Berührt oder nehmt nichts, was euch nicht gehört. 3. Wer genügend besitzt, muss mit den andern teilen.«

Tod und spektakuläres Comeback

Nach ihrem kurzen Auftritt als umworbener Medienstar verschwand Eliza Greene-Fraser vom Erdboden. Ob sie ihre Geschichte nach den unrühmlichen Verhandlungen im Mansion House weiterhin vermarktet hat, ist unsicher. Einziger Beweis für weitere öffentliche Auftritte ist die unverbürgte Information eines Zeitgenossen, derzufolge sie später in einer Bude im Hyde Park ihre Narben für Sixpence zur Schau stellte – neben einem Werbegemälde mit enthaupteten Weißen, aufgespießten Köpfen, Menschenfleisch bratenden Schwarzen, Pfeilen, Bogen und dem ganzen Waffenarsenal, das die Weißen den Schwarzen andichten. Dass ihre nunmehr berühmte Geschichte als Moritat auf Londons Straßen erfolgreich in Szene gesetzt wurde, ist bekannt. Aber die Heroine musste nicht die echte sein, die Wundnarben konnten sich – wie später auf australischen Volksfesten – aufmalen lassen.

Gesichert scheint, dass Eliza ihre drei Kinder von den Orkney Islands nach Liverpool kommen ließ und die ganze Familie Greene-Fraser auf der *Mediterranian Packet* nach Neuseeland zurücksegelte. Dort tauchen einzelne Mitglieder in den Registern von Auckland auf: Elizas älterer Sohn wird Kapitän, hat neun Kinder und stirbt 1906, die Tochter heiratet nach Kalifornien, vom jüngeren Sohn ist nichts bekannt. Ein eifriger Ermittler behauptet, Captain Greene habe das ganze in London gesammelte Geld in zwielichtige Geschäfte investiert und verloren. Aber dafür gibt es keinerlei Belege.

Sogar Elizas Tod bleibt ein Rätsel. Zwei Versionen sind im Umlauf: Die eine lässt sie in einer neuseeländischen Nervenheilanstalt sterben, der anderen zufolge stürzt sie in Melbourne unglücklich vor eine Pferdestraßenbahn. Als Sterbedatum wird übereinstimmend 1858 angegeben, sie wäre demnach sechzig Jahre alt geworden. Ein Polizeirapport jedoch oder der offizielle Totenschein sind bisher nirgends aufgetaucht.

Die Grabesruhe der Dame währte exakt 89 Jahre. Dann stand sie von den Toten auf.

WIEDERGEBURT

Die Wiedererweckung von Eliza Fraser im 20. Jahrhundert übertrifft an Abenteuerlichkeit selbst ihren Schiffbruch und mutet noch tollkühner an als ihre fragwürdigen Unternehmungen in Sydney und London.

Beteiligt am Ausgraben der geheimnisvoll Verstorbenen sind englische Australienentdecker, Dschungelkriegtrainer der britischen Armee, Kunstmaler, Literaten, Musiker, Trivialromanschreiber, Filmer und – in ihren Fußstapfen – die sichtlich eingeschüchterten Forscherinnen und Forscher, die das Kuriosum dieser Wiedergeburt nur schwer zu durchschauen vermögen und deshalb aus allen erdenklichen Blickwinkeln zu enträtseln suchen. Auf Tagungen und in fachkundigen Abhandlungen wird spekuliert über Gender-, Rasse-, Unter-, Mittel- und Oberklassefragen sowie die verschiedenen Aspekte des Kolonialismus, über die Stellung der Frau in der frühviktorianischen Zeit und – gezielt – über »den Kult der weiblichen Sensibilität und seine Wandlungen im Verlauf der Entwicklung der weiblichen Subjektivität im 19. Jahrhundert«, über die damalige englische Arbeiterschaft und ihr Interesse an öffentlichen Skandalen, über die bürgerliche Moral in der Epoche Königin Viktorias allgemein und die Fantasien bürgerlicher, männlicher Künstler im 20. Jahrhundert speziell, die in Eliza einzig das Sexobjekt zu erkennen vermögen. Die Fraser-Forschung lehrt streckenweise das Fürchten.

Fast keinen Platz im Trubel der Klugen finden die Aborigines. Nur selten ist es Vertreterinnen – immer handelt es sich übrigens um Frauen – der australischen Urbevölkerung gestattet, anlässlich einer wissenschaftlichen Veranstaltung ihren Teil beizutragen, ihre eigene Sicht der Eliza-Story darzustellen. Der Verdacht besteht, dass sogar in den aufgeschlossenen Zirkeln der Gelehrsamkeit das Wort ausschließlich den Weißen zusteht. Und immer bleibt die wichtigste Frage unbeantwortet: Welchen Schaden hat Eliza Fraser den Aborigines auf Dauer zugefügt?

BUSHRANGER-MYTHOS

Im Mai 1842 landet in Moreton Bay (heute Brisbane) ein großes Ruderboot, zurückgekehrt von einer Entdeckungsfahrt nordwärts ins Landesinnere.

Im Bug sitzen zwei ausgemergelte Gestalten, Bushranger und ehemalige Sträflinge, zufällig in der Wildnis aufgestöbert von den vier Männern des Expeditionsteams. Die beiden nennen sich Duramboi und Wandi, Namen, die ihnen die Aborigines gaben. Ursprünglich hießen sie Jack Davis und David Bracefell. Vierzehn Jahre zuvor waren sie dem Schreckensregiment des schottischen Haftkommandanten Patrick Logan entflohen, der seine militärischen Lorbeeren während der napoleonischen Kriege in Spanien und Frankreich verdient hatte und zum Schluss der Karriere im Kolonialdienst seinem Sadismus ungehindert frönen konnte. Logan war berüchtigt für seine Foltermethoden. Wer die Flucht aus dem Lager wagte und eingefangen wurde, dem waren 250 Hiebe mit der Metallpeitsche gewiss, die meist zum Tod führten. Ein Ausbruch war Verzweiflung und Mut zugleich. Wer glücklich entkommen wollte, musste der sandigen Küste entlang nach Norden fliehen, wo die Füße keine Spuren hinterließen und wohin die weißen Verfolger sich nicht vorwagten.

Davis und Bracefell gelang das Abenteuer, sie lebten all die Jahre geschützt bei einheimischen Stämmen im Gebiet rund um Fraser Island, vergaßen sogar ihre Muttersprache und radebrechten – als sie schließlich aufgespürt wurden – nur noch brockenweise englische Sätze. Mit Mühe gelang es, den beiden klarzumachen, dass Logan längst tot und die Sträflingskolonie derzeit in Auflösung sei. Also entschlossen sie sich, in die alte Umgebung zurückzukehren.

Niemand konnte damals voraussehen, in welch abwegiger Weise einer der beiden Heimkehrer, nämlich Bracefell, die Eliza-Geschichte im 20. Jahrhundert verzieren würde.

Als das Boot am Ufer festmacht, sind viele Schaulustige zum Fluss hinuntergekommen und umringen die beiden Elendsgestalten. Die Landung ist in Berichten von Augenzeugen überliefert. Gleich am selben Abend noch müssen die zwei von ihrem Leben auf der Flucht erzählen, Lieder der Aborigines singen, die Speere und Bumerangs vorführen, die sie mitgebracht haben. »Leider«, so berichtet später einer, der dabei war, »haben wir sie nicht gleich bei der Hand genommen und aufgefordert, uns ihre Erlebnisse zu diktieren, solange sie dazu noch bereit waren.« Wenige Tage nach der Ankunft war es schon zu spät, die beiden verweigerten jede Auskunft . »Wisst ihr was?«, soll Davis erklärt haben, »ihr könnt mich mal! Da kam doch so ein Geck aus Sydney und wollte mir Geld geben für Geschichten aus dem Busch. Was habe ich ihm gesagt? Ich will kein Geld. Siehst du die Tür dort? Je schneller du hier verschwindest, desto besser. Wenn du Informationen willst über die Schwarzen, dann zieh deine Kleider aus, geh und lebe mit ihnen – wie ich das tat. Niemand wird von mir ein Wort über die Schwarzen hören.«

Davis nahm in Brisbane seinen alten Beruf als Schmied wieder auf, Bracefell verdingte sich bei einem Landbesitzer und starb nach kurzer Zeit durch einen herabstürzenden Ast. So viel zu den Tatsachen. Und jetzt gilt es, den verworrenen Faden aufzuhaspeln, der von diesem Bushranger David Bracefell schließlich zu Eliza Fraser und dem tränenrührenden Liebesmärchen zwischen den beiden führt.

Elizas Talent, Fakten zu verdrehen und ihr Publikum zu verleiten, noch die ausgefallensten Behauptungen für bare Münze zu nehmen, hat ihr einst Türen geöffnet und Wege geebnet. Diesmal jedoch ist sie schuldlos an der Legende, die ihr im 20. Jahrhundert unverhofft das Comeback verschafft. Sie hat persönlich nichts beigetragen zur Saga vom erotischen Rausch im Dschungel zwischen der schiffbrüchigen Kapitänsfrau und dem Bushranger David Bracefell. Die biografische Pikanterie, dass Eliza nach ihren vielen eigenen Schwindeleien postum dank der regen Fantasie eines bedenkenlosen Geschichtenvermischers zu erneuter Berühmtheit gelangte, rundet das Bild der eigenartigen Frau.

Zufällig nämlich weilte der englische Australienfahrer und Reiseberichterstatter Henry Stuart Russell in Moreton Bay, als die erwähnte Entdeckungsexpedition sich nach Norden aufmachte. Um einen Platz im Boot musste er betteln, denn schon damals stand der leicht aufschneiderische Brite im Ruf, unzuverlässig und vor allem geschwätzig zu sein. Seine Erinnerungen an die Fahrt und die Begegnung mit den beiden Bushrangern publizierte er 1888 zum 100. Geburtstag der Kolonie New South Wales in einem Werk mit dem stolzen Titel *The Genesis of*

Queensland. In zwei ausführlichen Kapiteln beschreibt Russell, wie und wo die zwei entflohenen Sträflinge aufgegabelt wurden.

Erst 52 Jahre nach dem Schiffbruch also und auch nach dem Tod aller Beteiligten berichtet Russell überraschend und wortreich, dass es Bracefell gewesen sei, der Eliza gerettet habe, dass die beiden – vor den Schwarzen fliehend – einige Zeit zusammen im Busch gelebt hatten, bevor Eliza schließlich ihren Wohltäter schnöde im Stich ließ und damit ihr Versprechen brach, sich beim Lagerkommandanten für ihn einzusetzen. Russell zitiert den Bushranger trotz der jahrzehntelangen Distanz angeblich wörtlich:

> Der Stamm, der Mrs. Fraser gefangen hielt, hatte zu jener Zeit sehr wenig zu essen. Bald wäre sie verhungert. Wir mussten also rasch einen Fluchtweg finden, vereinbarten einen Treffpunkt, und sie entkam den darbenden Gestalten rundherum. Mit vorgebeugtem Oberkörper wateten wir zuerst in einem Bachbett, einmal durch tiefes Wasser, dann wieder über seichte Sandbänke – Augen und Ohren von Angst geschärft. Das Gelände war überall trügerisch, wir durften keinesfalls Fußspuren oder geknickte Blätter und Äste hinterlassen. Schließlich versteckten wir uns unter einem Felsen. Ich brachte meine Partnerin mit Buschdiät durch. Nach wenigen Tagen dann fanden wir einen Pfad, der mir aus früherer Zeit wohl bekannt war. Sobald wir dort Pferdespuren sichteten und gefällte Bäume erblickten, wussten wir, dass wir am Ziel waren. Ich wiederholte, was sie mir alles versprochen hatte, bat sie, noch einmal zu bestätigen, was sie beim Kommandanten für mich tun wolle als Dank für die Befreiung. Aber sie schwieg beharrlich. Als sie endlich sprach, erklärte sie bloß, dass sie sich über

mich beklagen müsse. Ich drehte mich um und rannte um mein Leben zurück in den Busch.

Bei diesen Worten, so Russells Kommentar, habe Bracefell einen »Blick rachsüchtiger Wildheit« gehabt.

Wie kam Russell auf die Idee, diese Buschromanze zu erfinden, da er doch eigener Aussage zufolge alle Zeitungsberichte und erreichbaren Dokumente über Elizas Rettung gesammelt hatte und auch Curtis' Buchtext kannte? Und wie hätte der stammelnde Bracefell plötzlich so sprachmächtig daherreden sollen? Und drittens: Beide Rückkehrer, Davis und Bracefell, weigerten sich nach ihrer Ankunft in Moreton Bay beharrlich, auch nur das Geringste über ihre Vergangenheit zu erzählen. Das ist bezeugt. Weshalb also sollte Bracefell gerade im Fall der für ihn unangenehm endenden Fraser-Episode von diesem Prinzip abweichen?

Das Liebesmärchen steht nicht zufällig in Russells Jubiläumstext. Das Buch erschien 1888, genau acht Jahre nach der Hinrichtung des berühmtesten Bushranger, den Australien je vorzuweisen hatte: Ned Kelly. Er und die Taten seiner Gang waren zu Russells Zeit in aller Mund. So nutzte der redselige Autor Kellys Berühmtheit und erschuf als Beitrag zur hundertjährigen Koloniegeschichte kurzerhand einen Vorgänger mitsamt melodramatischer Affäre, im Wissen, dass weiße Helden im Kampf gegen die englische Obrigkeit bei den Siedlern besonders beliebt waren.

Ein Wort zu Ned Kelly und seiner Verflechtung mit Eliza Fraser. Kellys Dasein hatte nur 25 Jahre gedauert, zehn davon verlebte er im heroischen Kleinkrieg mit der Polizei. Bei Leuten vom Schlag Kellys handelt es sich aber nicht mehr um Bushranger von altem Schrot und Korn. Es sind keine Sträflinge mehr, die sich zu den Aborigines absetzen. Diese neuen »Helden« stammen aus der Zeit des australischen Goldrauschs und sind zumeist Opfer der damaligen wirtschaftlichen Krisen. Sie treiben ihr Unwesen in den weiten Ebenen und Berggebieten der Great Dividing Range nordöstlich von Melbourne, sie suchen schnelles Geld, schießen zielsicher, stehlen Vieh und Pferde, spezialisieren sich auf Überfälle und machen Grundbesitzern und Staatsorganen das Leben schwer.

Ned Kelly also, der sich zum Schluss in einen halsbrecherischen Kampf mit seinen Verfolgern verwickelte, für den er sich mit dem legendär gewordenen Eisenkessel – über den Kopf gestülpt – bewehrte, damit ihn keine Kugel treffe, Ned Kelly stand Pate für die Figur des David Bracefell. Kelly gilt auch im heutigen Australien noch als Idol der Freiheit. Zudem ist er Roman- und Hollywoodheld sowie Auslöser einer respektablen Tourismusindustrie in Glenrowan im Staat Victoria, wo er schließlich trotz Helm dank eines Schusses ins Knie gefasst wurde.

Dieser Ned Kelly geistert in der Maske des Russell'schen David Bracefell durch sämtliche modernen Interpretationen der wieder erweckten Eliza Fraser.

KETTENREAKTION

Soweit erkennbar, gab der britische Major Tom Harrisson den Anstoß für den jüngsten Fraser-Kult. Er war es, der die Lawine im 20. Jahrhundert lostrat, und nicht Sir Sidney Nolan, der »überragende Maler der australischen Moderne« und – laut gängiger Meinung – Urheber des modernen Eliza-Kults. Nolan war erst das zweite Glied in der Wiederbelebungskette. Ohne Harrisson nämlich hätte Nolan Eliza nie kennen gelernt.

Tom Harrisson, ein eigenwilliger englischer Tropenforscher, Spezialist in vielen Sparten – Ornithologe, Sozialanthropologe, Paläontologe, Schriftsteller und Fachmann für Kriegsführung im Dschungel – lebte während der dreißiger Jahre in Borneo und lange Zeit auch auf den Neuen Hebriden. 1944 setzte er sich als erster Europäer mit dem Fallschirm ins japanisch besetzte Sarawak (Nordborneo) ab, drillte dort einheimische Guerillatruppen und bereitete den Boden für die Landung der Alliierten. In Australien sollte er später auf der Fraser-Insel Einsatzkommandos für schwieriges Gelände ausbilden, und als Einstieg in die unbekannte Gegend war ihm nicht nur ein zerschlissenes Exemplar von Curtis' Buch in die Hände gefallen, sondern auch der Text von Henry Stuart Russell. Harrisson kannte daraus die Liebesgeschichte Bracefell-Fraser, an deren Wahrheit zu zweifeln er keinen Grund hatte. Die Story berührte ihn, und er erzählte sie 1947 dem jungen Kunstmaler Sidney Nolan. In langen nächtlichen Gesprächen unterhalten sich die beiden eingehend über den berühmten Schiffbruch und Elizas Flucht mit dem entwischten Sträfling. Nolan ist wie verhext vom Gehörten, packt die Koffer, fährt auf einem Transportfloß zur Insel und findet die Stimmung so vor, wie Harrisson sie ihm geschildert hat. Nolan lebt bei den Holzfällern, fotografiert, skizziert und malt seine ersten Eliza-Entwürfe auf Überbleibseln von Kartonschachteln, die er im Camp findet. Rückblickend sagt er über seine plötzliche Besessenheit vom Thema: »Mein Interesse an Eliza war eng verknüpft mit meinen verrückten Emotionen damals.«

Von 1947 bis 1977, drei Jahrzehnte lang, beschäftigt sich Nolan in vier Bilderzyklen mit dem Fraser-Thema. Als er 1957 erstmals in Europa ausstellt, in der Londoner Whitechapel-Gallery, und dreißig der frühen, großformatigen Eliza-Bilder zeigt, reagiert die Kunstwelt hellhörig, Nolan wird auch in England sofort berühmt. Das Publikum steht wie vom Donner gerührt vor seinen Impressionen der nackten, ihrer Kleider beraubten, schiffbrüchigen Eliza. Nolan hatte den Stein ins Wasser geworfen, und die Kreise breiteten sich rasch aus.

Seine Fraser-Bilder wurden rasch in aller Welt bekannt. Nolans geschundene Eliza inspirierte Künstler aller Art und beflügelte die Fantasie der Laien – zumeist in Richtung Angst und Schrecken über die Erlebnisse der Frau mit den grausamen Schwarzen.

Nolan stellt Eliza stereotyp dar als hilflosen Körper, der Gier der Aborigines, der Lüsternheit ihres Bushranger-Partners wie auch ihrer eigenen Leidenschaft ausgeliefert. Das berühmteste Bild, ein frappant abstoßendes Werk, zeigt sie quer und auf allen vieren nackt über eine Dschungellichtung kriechen, den Kopf gesenkt, das Haar vor dem Gesicht hängend; der Bildausschnitt ist bestimmt vom runden Objektiv eines voyeuristischen Fernglases.

Im Verlauf der Jahre wird Eliza zu Nolans Obsession. Er selbst – dies die Interpretation des australischen Kritikers Richard Haese – »identifizierte sich immer deutlicher mit dem Sträfling« und schuf damit bewusst »einen Mythos der australischen Nation und ihrer Unabhängigkeit von England«. Diese Art des Nationalismus kam auf am Anfang der siebziger Jahre zur Zeit der sozialdemokratischen Whitlam-Regierung. Australiens Künstler versuchten sich damals zu lösen vom europäischen Erbe.

Dazu passt, dass Nolan sein anderes frühes Lieblingsmotiv, nämlich den Bushranger Ned Kelly, im letzten Eliza-Zyklus mit der Heldin vereint in erotisch eindeutiger Verbindung. Damit der mythische Kern der Darstellungen auch ja dem Betrachter sofort ins Auge springe, malt Nolan den Kopf Kellys als grobes Rechteck in Erinnerung an den letzten Kampf des Idols mit der Polizei: Das Rechteck des Kesselhelms symbolisiert Kellys Haupt und damit den Kopf der Rebellion gegen England.

»Es ist, als hätte ich Sidney Nolan mein ganzes Leben lang gekannt«, sagt der Nobelpreisträger für Literatur Patrick White, als er den Freund 1973 nach Stockholm schickt, um stellvertretend die Ehrung vom schwedischen König entgegenzunehmen.

Sie hatten sich 1948 zum ersten Mal in Florida getroffen, White war damals 37, Nolan 31 Jahre alt. White stammt aus einer sehr reichen australischen Großgrundbesitzerfamilie mit starker Bindung zum europäischen Mutterland. Die Eltern haben ein Standquartier in beiden Welten, und so wird White in England geboren und später auch erzogen. Nolan hingegen ist Sohn eines Trambahnführers und illegalen Buchmachers aus einer verrotteten Vorstadt Melbournes.

Florida ist der Ausgangspunkt der Freundschaft, Eliza Fraser beider Männer Fixpunkt: Die Mangrovensümpfe der Everglades erinnern Nolan an Fraser Island, und als er White in Fort Lauderdale begegnet, weiht er ihn sofort und ausführlich ein in die Geschichte vom Schiffbruch und der geretteten Kapitänsfrau. White schreibt später: »Wir hatten einander so viel zu sagen, wie dies oft der Fall ist, wenn zwei zusammenkommen, die füreinander aufgespart waren.« – Mit Blick auf Eliza Frasers moderne Rolle als gedemütigtes Sexopfer agieren die beiden »füreinander aufgesparten Freunde« gemeinsam als Täter. Die zwei vorrangigen australischen Künstler entwarfen den Rahmen für alle künftigen Eliza-Darstellungen mitsamt den Konsequenzen für die schwarze Bevölkerung. Der Weg, den die beiden mit Eliza gingen, erwies sich freilich als weit und steinig.

1963 war Patrick White von Königin Elizabeth zum Lunch auf die *Royal Yacht Britannia* geladen, als das Schiff in Sydney vor Anker lag. Eigentlich wollte er ablehnen, fand dann aber, »man könne kleine Restbrocken der Einladung später vielleicht einmal gebrauchen«. Bei Tisch traf er den Architekten des weltberühmten Sydney Opera House, Joern Utzon, der ihn zum Rundgang auf die Baustelle in Bennelong Point bat und ihn gleichzeitig mit wichtigen Gönnern bekannt machte. White wurde nahe gelegt, ein Opernlibretto für die Eröffnung des Hauses zu entwerfen, er dachte sofort an den Eliza-Stoff und sagte zu unter der Voraussetzung, dass er den Komponisten selbst auswählen dürfe. White hatte Benjamin Britten im Visier, den einzigen Musiker, der die nackte Lady zu gestalten wisse. Eine Romanskizze lag ohnehin schon in Whites Schublade bereit, und für das Opernprojekt sah er Sidney Nolan als Bühnenbildner vor, denn »kein Mensch mehr könne sich heute Eliza Fraser vorstellen ohne Nolans Bilder von ihr«.

Nolan, der damals in London lebte, war ausersehen, die Kontakte zu Britten zu knüpfen. Er sandte dem Komponisten umgehend einen Libretto-Entwurf und ließ ihm dann einige Wochen Zeit für die Zusage. Keine Antwort. White kam eigens nach England, um mit Britten zu verhandeln. Den beiden Freunden war es schließlich vergönnt, den Meister anlässlich einer Konzertpause zu treffen. Über die Begegnung sind – laut Whites Biografen – zwei Varianten überliefert:

In der ersten klagt Britten über viel zu viele Auftragsarbeiten, weshalb es ihm unmöglich sei, die Fraser-Oper zu komponieren. Wütend fragt ihn darauf White: »Haben Sie denn keine Kontrolle über Ihr eigenes Leben?« Und das war's dann. – In der zweiten Version wird Britten als ausgesprochen unhöflich und kurz angebunden geschildert. Er habe White links liegen lassen, ihn nicht einmal angeschaut, sich einzig Nolan zugewandt und mit ihm über eine lokale Malerin gesprochen.

Nach dieser Niederlage suchte White einen australischen Musiker und fand Peter Sculthorpe, einen jungen Komponisten mit deutlich lyrischem Flair. Dass der überhaupt einwilligte, sich mit dem hoch dramatischen Stoff zu beschäftigen, geht auf das Konto seiner Eitelkeit. Als er aber dann im März 1964 das Libretto vor sich sah, war er entsetzt. Eine historische Oper war keinesfalls nach seinem Geschmack. Bei einem Essen in Whites Haus sollte die Sache bereinigt werden, der Abend endete im Zwist. White merkte, dass Sculthorpe seine Eliza-Figur überhaupt nicht begriffen hatte, und das Projekt wurde endgültig begraben. Das Opernhaus in Sydney eröffnete mit Prokofjews *Krieg und Frieden*. Sculthorpe verwandelte die Eliza-Geschichte wenig später in ein Kammermusikwerk für Flöte, Klavier und Sopran.

1973, im Jahr der Nobelpreisverleihung, ruhte der Entwurf zu einem Eliza-Roman bereits seit über zehn Jahren in Whites Schreibtisch, um sich – wie der Autor es ausdrückt – »von den Zurichtungen durch die Komponisten zu erholen«. Nun schien es Zeit, die Dame wieder hervorzuziehen. Vor ihrer Neubelebung jedoch wollte White die Gegend des Barrier Reef erkunden, damit er den Schiffbruch naturgetreu nachempfinden konnte. Er flog nordwärts, und wieder drohte der Fehlschlag. White war verstört über den Massentourismus allüberall, auf den Schiffen sei so wenig Platz gewesen, günstigstenfalls habe man mit der Hälfte des Hintern sitzen können. Als Nachtmahr erschienen ihm einige der Inseln: »Alles vulgär, inklusive die ungarischen Huren reiferen Alters in ihren Bananenhütten. Über dem Ganzen hängt ein Kanalisationsgestank. Schwärme von Touristen überall.« Aber das Licht und die Landschaft bewogen ihn schließlich, das Manuskript trotz seinem Ekel über die Menschenmassen wieder auszupacken.

PATRICK WHITES HELDIN

»Sie trug einen Gürtel von Kletterpflanzen – aus Anstand und zum Zweck, darin ihren Ehering und ihre Ohrringe zu verbergen, das einzige, das ihr die schwarzen Hände nicht wegnehmen konnten.« So steht es im Rapport des Sträflings John Graham, der Eliza 1836 befreit hatte. White kannte allem Anschein nach diesen Text und den darin erwähnten Blättergürtel und nannte danach seinen Roman *A Fringe of Leaves*.

Aber sonst ist White nach eigener Aussage an den historischen Fakten nicht weiter interessiert. Er entwirft seine eigene Eliza in Gestalt der widerspenstigen, urwüchsigen Bauerntochter Ellen aus Cornwall. Sie gibt sich fügsam durch ihre Heirat mit dem wohlhabenden, kränklichen Privatgelehrten Roxburgh, einem Egoisten, vergraben in seiner Welt der lateinischen Dichter und Medizinflaschen, den sie auf der Reise zu seinem nach Tasmanien ausgewanderten Bruder begleitet. Auf der Rückfahrt passiert das berühmte Schiffsunglück.

Nach der Nobelpreis-Verleihung fühlte sich White eine Zeit lang »künstlerisch ruiniert«, ihm sei zumute gewesen wie einer ausgestopften Eule. Aber bald gab er sich einen Ruck, wollte beweisen, dass er noch lebendig sei, imstande zu überraschen und vor allem das damals erzprüde Australien vor den Kopf zu stoßen. Noch Ende der sechziger Jahre übte die Regierung strikte literarische Zensur, die Einfuhr einzelner Werke etwa von D. H. Lawrence, Henry Miller, Norman Mailer, Philip Roth war bei Strafe untersagt. Umso pfiffiger erklärte White nun öffentlich, dass just die Sensualität im Zentrum seines neuen Buchs stehe. Jetzt, nach der Ehrung, fühle er sich endlich frei, den Genuss an der Sexualität lustvoll auszubreiten. Whites schiffbrüchige Heldin hat mithin die Aufgabe, gemeinsam mit ihrem Bushranger-Liebhaber den engherzigen Australiern die künstlerische Freiheit im Umgang mit der Libido vor Augen zu führen. Whites Vergnügen an der sinnlichen Begierde liest sich im Text wie folgt:

> Sie fühlte sich wie ein obszöner Vogel, dessen quälende und gequälte Brustfedern seine großen Hände stürmisch auseinander rissen. [...] Ihr Körper begann sich dunkel zu färben in Erwartung der kommenden Versehrung. [...] Während sie ihn mit ihren Brüsten zudeckte und zugleich mit einer Leidenschaft abzulecken begann, die einzig in einem Land der Dornen, Peitschen, Mörder, Diebe und Schiffbrüche möglich war, gab das goldene Bett des Tages dennoch nicht nach.

Außer Namensänderungen und Reiseumständen hält sich White in den Schilderungen der verschiedenen Abenteuer seiner Ellen ziemlich genau an den Londoner Chronisten Curtis, trotz der erklärten Absicht, die Historie außer Acht zu lassen. Ganz und gar umgekrempelt jedoch hat er – nach Russells Vorgabe – ihre Rettung durch einen Bushranger mit Namen Jack Chance, dem die Gefangene bei einem tumultuösen Fest, einem »Corroboree«, begegnet.

Sie sieht »im Feuerschein stampfende, tanzende, aufheulende Männer, die ihre ungeheuerlichen Jagd- und Kriegstänze vorführen«. Sie wiegt sich mit den Frauen ekstatisch im Takt der Trommeln, hält die Augen geschlossen, das Gesicht vornüber zwischen die Schenkel gebeugt, und als sie sich aufrichtet, bemerkt sie hinter ihren zusammengekniffenen Lidern, dass ein Weißer unter den Schwarzen mittanzt und dass der weiße große, stählerne Mann mit seinen Bewegungen einzig danach trachtet, ihr zu gefallen. So findet diese fiebrige Episode ihren Anfang und endet nach wenigen Wochen heißblütigen Taumels bedauerlicherweise im Verzicht. Eliza wird ihren Liebhaber schließlich nicht – wie sie ihm versprochen hat – in die Freiheit führen, sondern im Stich lassen und ohne ihn in die Zivilisation zurückkehren.

Zur Zeit, als White seiner Eliza/Ellen-Geschichte die endgültige Form gibt, kennt er die Aborigines einzig aus Büchern, die er sich zu Studienzwecken in Sydneys Bibliotheken beschafft. Er ist nach eigenem Bekunden vordem nie einem »echten« Ureinwohner begegnet, hat sie vielleicht auf den Besitzungen seiner Familie von weitem gesehen. Als er für sein früheres Werk *Riders in the Chariot* die Figur eines Halbbluts erfindet und für die negative Darstellung kritisiert wird, antwortet er:

> Der Grund ist, dass der australische Aborigine im Kontakt mit der Zivilisation eine verkommene (squalid) Kreatur ist. Ich habe sogar einen Bericht gelesen, dass sie normalerweise im vorigen Jahrhundert noch Larven und sich gegenseitig die Läuse von den Köpfen aßen.

138 Jahre nach der Kanonade von John Curtis und zu einem Zeitpunkt, als den Aborigines in Australien eben die ersten, winzigen Schritte in die politische Mündigkeit zugestanden werden, als 1975 im Parlament erste Gesetze gegen die Rassendiskriminierung zur Diskussion stehen, spickt der Nobelpreisträger Patrick White seinen Roman mit plumpen Vorurteilen über die Einheimischen und benutzt Eliza Fraser alias Ellen Roxburgh einmal mehr als Waffe gegen die Schwarzen.

White lässt die »verachtungswürdigen Wilden« in »gutturalen, ungehobelten Lauten tierisch stammeln und brabbeln, wimmern, zetern und heulen oder fürchterliche Schreie ausstoßen«. Die »Truppe der Schwarzen« schildert er als »einziges stinkendes Muskelpaket«, das seine »weiße Herde (die Schiffbrüchigen) mit Schlagen und Zwacken ins Hinterland treibt«.

Die schwarzen Frauen sind ein »Martyrium für Ellen, quälende Vetteln, nach ranzigem Fett und Schweiß stinkend, Affenfrauen, die ihr mit den Fingernägeln in besitzgieriger Lust die Haut aufkratzen«.

Gedankenlos scheint White auf ein voreingenommenes weißes Publikum zu setzen, wenn er beispielsweise der Zugkraft folgender in den Roman geflochtener Kannibalengeschichte vertraut: Zwei junge schwarze Mädchen, Rivalinnen um einen Bewerber, tragen mit Keulen einen Nahkampf aus. »Die zwei eifersüchtigen Furien« misshandeln sich gegenseitig, ja, schlagen sich die Schädel ein, bis die eine tot liegen bleibt. Was dann folgt, ist der rituelle Schmaus der Leiche:

> Sie wiesen Ellen weg, warnende Signaltöne ausstoßend, und ein bisher höflicher älterer Mann ging so weit, sie vor die Brust zu stoßen. So blieb sie zurück und schlief ein. [...] Beim ersten Tageslicht kroch sie ins Freie, hörte Stimmen, und ein köstliches Aroma mischte sich in die Rauchschwaden. Sie ging in die Richtung der Laute und stieß auf eine Gruppe von Leuten ihres Stammes. Alle wirkten und tönten ermattet. Beim Anblick der Fremden drückten ihre Gesichter aber Ärger aus und gleichzeitig eine merkwürdige Mysteriosität. Ellen realisierte, dass sie in ein Ritual hineingestolpert war, das sie nichts anging. [...] Nackt und zerschlagen, wie sie war, meinte sie erst, mit diesen unschuldigen Wilden eine spirituelle Erfahrung teilen zu dürfen, bis sie neben dem erlöschenden Feuer ein Objekt im Gras liegen sah, ähnlich einer Ledermatte. Was sie zunächst als Fransen wahrnahm, erkannte sie plötzlich als Fingernägel, und am einen Ende hing – wie der Tigerkopf eines Fellteppichs – der Kopf des Mädchens, an dessen Lachen und Spielen mit den Wasserlilien sie sich noch gut erinnerte.
>
> Nachdem die Frauen ihr Erstaunen über die Einmischung in ihre Privatsphäre hinuntergeschluckt hatten,

> spien sie ihren Zorn plötzlich heraus in hässlichen Geräuschen. Sie rollten die dunkle Haut rasch zusammen, nahmen den Kopf auf, und dann sah sie einen Knochenhaufen.
> Es war für Ellen ein Leichtes, an den fettigen Schlieren auf Lippen und Wangen festzustellen, wohin das Fleisch verschwunden war. Die widerwärtigen Reste wurden in Netztaschen gestopft, die die Frauen stets mit sich tragen.

Whites Eliza-Version fand Anklang und wurde in Australien und England »erstaunlich gut aufgenommen«. Der Autor ärgerte sich einzig über einige sehr böse Kritiken aus Amerika. Auch zeigte er sich entrüstet über den »vulgären Umschlag« der New Yorker Viking-Ausgabe. Das Bild stellt eine äußerst gepflegte Weiße dar vor afrikanischen Strohhütten, und White fragte sich allen Ernstes, ob er diese Frechheit der damals frisch verpflichteten Herausgeberin des Verlags, Jackie Kennedy Onassis, vorzuwerfen habe.

Erst spät, nämlich 1988 aus Anlass der Zweihundertjahrfeier Australiens, äußerte sich der Nobelpreisträger endlich in aller Öffentlichkeit kritisch zum Thema Aborigines, allerdings ohne auf seine früheren Darstellungen einzugehen oder sich gar dafür zu entschuldigen. Den Text publizierte der Autor 1990 in der Sammlung *Patrick White Speaks*:

> Es gibt nur wenig in unserer Vergangenheit, auf das ich stolz sein könnte. Auf noch weniger in unserer Gegenwart – zu viele unehrliche Politiker und zu viele vulgäre Spießer. [...] Aber mehr als alles, was mich gegen die Zweihundertjahrfeier aufbringt, wiegt die fehlende Gerechtigkeit gegenüber den Aborigines. Sehr wenig ist getan worden, um ihnen im Land, das wir besetzten, ein Gefühl der Sicherheit zu geben – trotz manchen gesichtsrettenden Effekthasche-

reien in letzter Minute. Zwar werden heute die Aborigines nicht mehr erschossen oder vergiftet wie in den frühen Tagen der Kolonisation, es gibt aber subtilere Formen sie loszuwerden. Man kann sie durch psychische Folter dazu bringen, sich in den Zellen das Leben zu nehmen. Meist wird dann die Schuld auf Drogen- oder Alkoholkonsum geschoben. Aber das haben sie ja bekanntlich von den Weißen gelernt. Wenn ich als Kind mit meinem Onkel an ihren Hütten vorbeifuhr, sagte er immer, man könne nichts tun für diese Schwarzen. Weil ich meinen Onkel liebte, verbannte ich sie aus meinem Gedächtnis, bis ich endlich, Jahre später, zu denken anfing.

STERNCHEN IM GROSCHENROMAN

Dies ist die Geschichte der Eliza Fraser – der schönsten Frau, die je ihren zierlichen Fuß in die schroffe Landschaft Australiens setzte. War sie die spröde und tugendhafte Lady, als die sie sich gab? Oder war sie im Gegenteil eine lüsterne Hure, die ihre warmherzige Gunst Sträflingen und Offizieren gleichermaßen gewährte? Und was geschah mit ihr, nachdem sie an der rauen Küste von New South Wales Schiffbruch erlitten hatte? Kannibalismus und Grausamkeit lauerten auf alle, die es dorthin verschlug. Nur einer überlebte den Hunger und die Treulosigkeit seiner Gefährten, um endlich die ganze Wahrheit zu erzählen – und was für eine schockierende Wahrheit.

Die Sätze zeigen Inhalt und Tonfall an. Sie zieren den Rücken des Groschenromans von Kenneth Cook mit dem Titel *Eliza Fraser*, erschienen 1976, im selben Jahr wie Patrick Whites Version der Schiffbruchgeschichte. Im selben Jahr auch wie die Verfilmung des Stoffs als einer abgeschmackten Liebesgeschichte zwischen Eliza Fraser und dem Sträfling David Bracefell, verantwortet vom australischen Regisseur Tim Burstall. Die seriöse einheimische Kritik verurteilte den Streifen als »geschmacklos, schwach, banal, langweilig«, und außerhalb Australiens fand die gekünstelte Eskapade keine Beachtung – trotz der Mitwirkung britischer Stars. Aber auch ohne großen Erfolg zeitigten die Bilder Wirkung: Der australische Trivialautor Cook sah den Film, ließ sich vom Thema inspirieren und schrieb nicht etwa das Buch für den Film, sondern – als eher ungewöhnliche Variante – das Buch nach dem Film.

Kenneth Cook bedient sich für seinen Schmöker einer ausgefallenen Idee: Er tischt dem Publikum eine neue Spielart der Ereignisse auf und erfindet quasi als Jux eine bislang noch unbekannte Finte in der an Täuschungen ohnehin überreichen Tradition der Historie. Cooks »schockierende Wahrheit« nämlich lautet:

> Die vorliegende Version bedeutet einen großen Fortschritt gegenüber allen früheren Darstellungen, weil ihr wichtige neue Indizien zugrunde liegen: eine Serie handgeschriebener Zeugnisse jenes Mannes nämlich, der alles miterlebt hat. Diese Zeugnisse stammen von David Bracefell selbst, der später als Captain Greene und Ehemann Elizas mit ihr in Auckland lebte.

Das Konstrukt zeigt die »unvorstellbar schöne Eliza, diese Mischung aus Reinheit und Liederlichkeit, Tugend und Lust mit dichten Wolken goldenen Haares und großen schmelzenden Augen«, von Anfang an als Objekt männlicher Begehrlichkeit, wo immer sie auftaucht. Nur leider ist sie verheiratet mit einem »Riesensack voller tödlicher Krankheitssymptome«. Politisch aber verhält sich die Heldin aus der heutigen australischen Sicht korrekt: Sie, die Engländerin, unterwirft sich dem Sträfling als einem von der einstigen Kolonialmacht Benachteiligten und schenkt ihm ihre Zuneigung. Die anderen Engländer – in ihre kolonialen Denkmuster verstrickt – treten allesamt als Bösewichte auf, als harte Klötze, die den groben Keil des Autors herausfordern. Nicht nur die Offiziere und der Kommandant in Moreton Bay, auch die Besatzung des gesunkenen Schiffs sind unisono blutrünstige Monster, die – wie im Fall der verhungernden Crew – sich in detailliert geschilderten Kannibalenszenen gegenseitig lustvoll töten und aufessen. Die grelle Sitten- und Politchronik lässt den Bushranger Bracefell in seiner derben Ungebärdigkeit als Helden und Lichtgestalt erstrahlen. Und als er zuletzt in wilder Flucht Sydney erreicht und sich mit gewagten Kutschen- und sonstigen Überfällen das nötige Kleingeld sichert, da führt das Vorbild Ned Kelly unverkennbar den Taktstock.

Eliza im Brennpunkt des Schundromans: eine weitere Facette ihrer unendlichen Geschichte. Sogar noch in dieser schlüpfrigen Szenerie bleibt die Kapitänsfrau aber dem Muster treu, das der Maler Sidney Nolan ihrem Comeback ein für alle Mal vorgab: Australien siegt gegen England.

NARREN IM GROSCHENROMAN

Wie stellt der Trivialautor die Aborigines dar? Buhlt er um ein weißes Massenpublikum mit den gewohnt krassen Übertreibungen? Einerseits ja, andererseits nein. Kenneth Cook wählt auf weiten Strecken einen eigenen Weg der Annäherung an Elizas schwarze Gegenfiguren und sucht einen persönlichen Zugang zu den Ureinwohnern, der nicht weniger bedenklich ist als die herkömmliche Missachtung. Die Aborigines treten bei Cook auf als kindliche Narren, als verspielte, aber im Grunde einfältige Wesen auf einer niederen Entwicklungsstufe, die von den Weißen süffisant begutachtet werden:

> Eliza und ihr Mann standen auf einer Sanddüne hoch über einer Lagune. Plötzlich erschienen Aborigines, merkwürdige schwarze Gestalten, mit weißen Strichen verziert, und bewegten sich still auf die Düne zu. Sie trugen vorn winzigste Lendentücher, die nur noch knapp als dezent beurteilt werden können, und waren hinten nackt. Mit komischen Vogelschritten stakten sie durch die Landschaft, zogen die Beine in die Höhe und manchmal auch weit seitwärts. Sie wirkten wie dumme Tölpel, wären nicht ihre Bewegungen auf kuriose Weise grazil gewesen, insekten- oder storchenbeinartig. Der Anführer stellte sich vor den Frasers auf und umkreiste die beiden, seine Kohorten im Schlepptau. Plötzlich schoss seine Hand vor und befühlte eingehend Frasers Mantelborte, griff nach dem Umhang, und der Schwarze schien berauscht vom fremden Material. In kindischer Freude zog er sich das Kleidungsstück über, es hing an ihm wie eine monströse Wolldecke. Der Häuptling aber fand, er sehe großartig aus darin, und paradierte stolz grinsend vor seinen Leuten. Die schnitten glückselig Grimassen und applaudierten ihrem Chef.

Besonders der Ich-Erzähler, der Bushranger Bracefell, gefällt sich in arroganter Attitüde. Wohl lebt er gemeinsam mit den Schwarzen, betrachtet sich sogar als ihren Freund, schildert sie als »strahlende Schnatterer, die seinen Körper mit kindischem Interesse auskundschaften«, die mit ihm Kängurus jagen, ihn mit dem Dschungel vertraut machen. So weit, so gut.

Aber dann unvermittelt die Kehrtwendung, der Rückfall ins herabwürdigende Klischee, als Eliza gezwungen werden soll, sich mit einem alten Häuptling zu verehelichen. Diese vom Autor äußerst effektvoll ausgeheckte Szene akzentuiert die anstößige Stimmung des Schundromans und hat einzig das Ziel, die Aborigines mit knalligen Akzenten zu denunzieren.

Mit großem Pomp werden die Vorbereitungen zur – schlussendlich vereitelten – Hochzeit getroffen:

> Die Frauen rieben Elizas Körper mit stinkendem Fischöl ein, vermutlich, um ihren weißen Geruch zu überdecken, der den Häuptling beleidigt hätte. Dann überzogen sie ihre widerstrebenden Hüften mit einem Grasrock, der ihre Reinheit alles andere als schützte. Als Nächstes wurde sie mit rotem Ocker gefärbt. Nur ihr Haar und ihr prächtiger Busen verrieten sie noch als Weiße, denn die schwarzen Frauen haben alle hässliche lange Hängebrüste. Zuletzt ein paar abstruse Verzierungen ins Haar – und sie war bereit für den wüsten Bräutigam. Der hopste derweil herum wie ein Frühlingslamm, bog sein Haupt zurück und stieß ein fürchterliches Geheul in die Nacht. Eliza blickte in sein bärtiges, schweißglitzerndes Gesicht, sah das Weiß seiner Zähne im weit geöffneten Schlund und sein geiferndes Grinsen.

Den Buchdeckel von Cooks Werk ziert, in zerrissener Korsage, die Film-Eliza in dem Moment, wo sie von der Schreckgestalt des Häuptlings im Festschmuck besitzergreifend am Kinn gefasst wird. Im auflagestarken Roman wird dieses Titelbild einer Weißen, die hilflos solchen zweideutigen Annäherungen ausgeliefert ist, als besonders scharf geschliffene Waffe gehandhabt. Die Wirkung des Fotos ist gleicherweise obszön und diffamierend, nicht anders als Sidney Nolans berühmte Darstellung der nackten Eliza, schutzlos und ohnmächtig auf allen vieren.

Elizas Auftritte in Südafrika und Kanada

Die Landschaft am Kap in Südafrika sowie Kanada sind die überseeischen Provinzen von Eliza Frasers englisch-australischem Herrschaftsgebiet.

Der Faszination ihrer Abenteuer erlag der südafrikanische Autor André Brink. Und Michael Ondaatje, in Kanada wahlbeheimateter Erfolgsautor von *Der englische Patient,* holländisch-srilankischer Abstammung, konnte der Versuchung überraschenderweise nicht widerstehen, Elizas Hilflosigkeit und ihr sexuelles Ausgeliefertsein durch die Schilderung besonders erschreckender schwarzer Rituale noch zu verstärken.

Keiner der beiden kannte den Tatort – Australien. Beide verdanken ihre Informationen über die Heldin derselben Quelle, nämlich der dilettantischen Monografie über den Maler Sidney Nolan von Colin MacInnes aus dem Jahr 1961, betitelt: *Landscapes and Legends*, und dort dem schludrigen Einleitungstext. Beide ließen sich verführen von Nolans künstlerischer Besessenheit und leider auch vom begleitenden Essay, dessen Billigung durch den Maler heute erstaunt. Zurückschauend wundert man sich, welche Wirkung die saloppen Erläuterungen zu Nolans Werk zeitigten. Da ist die Rede von »einer schottischen Dame, die vor Fraser Island Schiffbruch erlitten hatte und während ganzer sechs Monate (es waren sechs Wochen) bei den bösen Aborigines leben musste, wo sie rasch ihre Kleider verlor (sic)«. Im Busch entdeckt wurde sie schließlich von einem »desertierenden Sträfling«, der sich mit den »Primitiven« bestens auskannte. Die Dame bat den Kriminellen, sie in die Zivilisation zurückzubringen. Er sagte zu unter der Bedingung, dass sie für ihn die Begnadigung erwirke. »Der Handel wurde besiegelt, und das Paar marschierte landeinwärts.« Weiter hören wir von der Treulosigkeit der Geretteten, die ihren Wohltäter im Stich ließ. Und zum Schluss heißt es, dass »Mrs. Frasers Erlebnisse derart Furore machten, dass sie sich sogar im Hyde Park für Sixpence zur Schau stellte«.

Einmal mehr benutzte der sorglose Texter als Quelle die Eliza-Version aus der Küche Henry Stuart Russells. Umso größer aber die Überraschung, wie eigenwillig die Fantasie eines sensiblen Lesers die simple Vorlage umzumünzen vermochte.

ELISABETH AM KAP

April 1749. Ein Treck macht sich auf Richtung Norden, Richtung unentdecktes Gebirgsland hinter dem Kap. Zwei hoch bepackte Wagen, zweiunddreißig Ochsen, vier Pferde, acht Hunde, fünfzehn Hühner und sechs Hottentotten, sechzehn Donnerbüchsen, zwölf Pistolen, zwei Säbel, ein Dolch, 500 Pfund Schießpulver – sorgfältig in Schafshäute verpackt. Der Schwede Larsson begibt sich zusammen mit seiner südafrikanischen Frau hugenottischer Abstammung auf Expeditionstour. Unbekannte Pflanzen und Tiere sollen Namen erhalten, topografische Vermessungen als Grundlage dienen für dringend benötigtes Kartenmaterial.

Nach acht Monaten Trekking sitzt Elisabeth allein mitten im Busch, verloren neben den Trümmern des Unternehmens, den Überbleibseln ihrer Zivilisation in der unzugänglichen Wildnis.

Zwei Ochsen sind noch da, der Rest mitsamt den Menschen, Pferden und Hunden verschwunden, teils geflohen, teils von wilden Tieren getötet, ihr Mann auf der Fährte eines seltenen Vogels umgekommen. Als er noch lebte und täglich seine Aufzeichnungen niederschrieb, erwähnte er regelmäßig den Wind: Windig heute. Sehr windig. Stürmische Böen. Das ganze Hinterland ist voll Wind.

So beginnt die Eliza-Geschichte am Kap, benannt nach dem ewigen Wind *An Instant in the Wind.* Der Text war 1975 zuerst in Afrikaans erschienen, 1976 in Englisch.

In einem Gespräch gibt André Brink, der Autor, Auskunft über sein literarisches Unternehmen:

> Ich war fasziniert von Eliza Frasers Geschichte, in Atem gehalten von ihrem Schiffbruch und ihrem Treck quer durch die Wüste (!) Australiens. Als ich das zum ersten Mal las, wollte ich die Story unbedingt ins moderne Afrika transportieren, wollte Eliza nach einem Flugzeugabsturz in Angola von einem schwarzen Terroristen in die Zivilisation zurückbringen lassen. Weil ich mich aber zu jener Zeit aus ganz anderen Gründen intensiv mit Dokumenten früher Epochen am Kap auseinander setzte, gaben mir die alten Reiseberichte aus dem 18. Jahrhundert die wunderbare Gelegenheit, einen Teil des Materials für die Umsiedlung des Romans von Australien ans Kap zu verwenden.

Adam ist der Name des Schwarzen, der Elisabeth im Dickicht entdeckt. »Wer bist du«, fragt sie, als er näher kommt. Sie zielt auf ihn mit einer Pistole, hält den Finger am Abzug. »Du bist ein Sklave«, sagt sie. Stimmt. Sein Vater stammte aus Madagaskar, war exekutiert worden, die Mutter kam aus Sumatra. Adam war im Zorn mit einem Holzscheit auf seinen Herrn losgegangen. Für diese Tat wurde er lebenslänglich auf Robben Island, die berüchtigte Sträflingsinsel, verbannt. 1744 gelang ihm die Flucht, obwohl sie ihn jagten wie einen Schakal. Als er Elisabeth trifft, lebt er bereits fünf Jahre versteckt.

Elizas Geschichte, in Südafrika angesiedelt. Das Thema heißt hier nicht: Weißer Sträfling befreit weiße Schiffbrüchige in der Hoffnung auf Begnadigung. Sondern: Befreiung einer Weißen durch einen Schwarzen im Land der Apartheid. Er gewinnt ihr Vertrauen, sogar ihre Zuneigung über alle rassistischen Mauern hinweg. Als das Buch erschien, war ein solcher Sachverhalt noch unvorstellbar.

»Wo sind wir genau?«, will sie von Adam wissen und zeigt ihm eine Karte. »Wie kommen wir zum Meer? Hast du überhaupt schon jemals eine Karte gesehen?« »Warum fragst du«, antwortet er innerlich verletzt und zerknüllt die Karte. »Du denkst wohl, die Karte macht dem Land Eindruck.« Später, als sie in einem Hottentottendorf ihr totes Kind zur Welt bringt, dient die Karte als Fackel.

Hier die Weißen, die jedes Gebiet haarklein registrieren wollen – dort die Schwarzen, denen das Land gehört.

Elisabeth und Adam: auch eine Liebesgeschichte. Eine Chronik des Überlebens und der zarten, schrittweisen körperlichen Annäherung. Als beide schließlich nach langen Monaten der Irrfahrt nahe der Zivilisation ankommen, als sie auf dem Hügel stehen über der Stadt, nahe den Erinnerungen an Elisabeths früheres Leben, Hand in Hand noch, geht sie voraus, um alles zu regeln, um ihren Leuten klarzumachen, dass sie sich für den Schwarzen entschieden habe, aber das wird ihr nicht gestattet:

Man kann sich vorstellen, wie er dort in den Büschen wartet, stundenlang. [...] Und später werden mit dem ungestümen Wind Töne zu ihm dringen, zuerst von weit weg und dann immer näher kommend. Er wird aufstehen, eifrig und besorgt. Für eine Weile kann er nichts begreifen, aber dann kapiert er und akzeptiert. Eine Alternative zieht er nicht mehr in Betracht. Es gab sie von Beginn an nicht.

André Brink präsentiert eine literarische Eliza-Variation, die dem Fremdsein Tiefe verleiht und die Weißen verunsichert. »Geschichten sind im Grunde uninteressant«, meint der Autor, »wichtig ist einzig der Satz: Dies kann uns niemand wegnehmen.« Und weiter: »Zu diesem Zweck muss die Kruste von den Geschichten gekratzt werden. Nicht, um sie neu zu erzählen, sondern um sie vollständig bloßzulegen und damit erneut in Bewegung zu bringen. Reisen durch riesige Landschaften – zurück.«

GRIMMIGER BLICK AUS KANADA

Als Michael Ondaatje 1969 sein raffiniert gebautes Poem über die Fraser-Story mit dem Titel *The Man with Seven Toes* publiziert, ist er 26, lebt seit sieben Jahren in Kanada und arbeitet beruflich als Englischdozent an der University of Western Ontario im kanadischen London.

1992 hat Ondaatje Weltruhm erreicht mit seinem Roman *Der englische Patient,* ausgezeichnet mit dem Booker-Preis. Aus diesem Anlass äußerte sich der Autor 1994 in einer ABC-Radiosendung zu seinem Gesamtwerk und also auch zu Eliza Fraser:

> Rein zufällig kam ich aufs Thema. Als Student sah ich einige Bilder von Sidney Nolan mit dem Titel »Der Sträfling und die Lady« – oder so ähnlich. Es war die Story von Eliza und Bracefell.

The Man with Seven Toes ist ein Buch, das ich heute nicht mehr sonderlich schätze, aber ich habe das lange Gedicht – oder besser: die Sequenz von Gedichten – in Angriff genommen, weil ich mich damals intensiv mit der Sträflingssituation in Australien auseinander setzte. Darüber schrieb ich auch einen langen Prosatext, den ich aber dann wegließ. Es war mein erster Versuch, ein längeres Gedicht zu verfassen, und für mich handelte es sich ganz klar mehr um eine innere und nicht um eine reale Landschaft. Ich war auch nie in Australien gewesen, was wohl jeder merkt, der das Werk liest. Aber heute stimmt es nicht mehr für mich, obwohl es gedruckt wurde. Wie Sie wissen, versteckte ich das Ganze später auch irgendwie im Schrank.

So ganz im Schrank verborgen ließ Ondaatje seine Verse aber nicht ruhen, denn noch 1975 erschien eine grafisch kostbar gestaltete dritte Auflage des Gedichts: 43 Seiten Halbkarton, auf jeder Seite nur wenige Zeilen. Am Ende der Ausgabe zitiert der Autor auch die Quelle zum Werk: den erwähnten Begleittext aus Sidney Nolans Monografie.

Auch Ondaatje ließ sich verführen durch die verdrehte Version der hochfahrenden Liebesgeschichte zwischen der Schiffbrüchigen und dem Bushranger. Aber er schuf aus dem Abenteuer Wortbilder, die Elizas Geschichte zu einem Eckstein moderner englischer Dichtung machen.

Ondaatje lässt kein Schiff zerschellen im Sturm, sondern gleich zu Beginn des Gedichts einen Zug durch wüstenartige Landschaft rattern gleich »einem niedrig fliegenden Vogel«. Drin sitzt Eliza, hier allerdings ohne Namen. Sie ist ganz einfach nur »sie«.

Die heiße Luft in den Wagen ist zum Schneiden dick, die Frau geht zum türlosen Einstieg, wo sie den Wind um die Knie spüren kann. Während eines kurzen Halts steigt sie aus, verpasst die Abfahrt, der Zug fährt ohne sie weiter. Sie setzt sich zwischen die Schienen auf den Schotter, allein gelassen mitten in der Ödnis, schläft ein, und als sie aufwacht, sitzt ein Hund auf ihrer Schulter.

Ondaatje verweist seine Eliza in eine Zone höchster Gefahr, isoliert, weit weg von der ihr vertrauten Zivilisation.

Der Hund führt sie zu einer Lichtung zwischen niedrigen Büschen. Sie betritt die Rodung – und unvermittelt, gleichsam aus heiterem Himmel schlägt der Autor zu, bedroht den Leser mit seiner Vision des Wilden:

entered the clearing and they turned
faces scarred with decoration
feathers, bones, paint from clay
pasted, skewered to their skin.
fanatically thin, black ropes of muscles.
[...]
tongued me
felt cold metal, put
hot fingers in my mouth, pulled
silver filings out,
threaded, wore them like charm
tongued me
spat love in my ear
bit the lobe off,
ate it, that a wedding band
in his stomach growing there
then him in me
in my body
like a like a
drum a drum

Trat in die Lichtung, und sie wandten
ihre Gesichter, narbig von Zierrat,
Federn, Knochen, Lehmfarben
verkleistert, auf die Haut gespießt.
Unvergleichlich dürr,
Schwarze Seile von Muskeln.
[...]
leckte mich
fühlte kaltes Metall, legte
heiße Finger in meinen Mund, zog
Silberfüllungen heraus,
gefädelt, trug sie als Talisman
die Zunge an mir
spuckte Liebe in mein Ohr
biss das Läppchen ab,
aß es, damit ein Heiratsband
in seinem Magen wüchse
dann er in mir
in meinem Körper
wie eine wie eine
Trommel eine Trommel.

Die Bilder schwarzer Vehemenz setzen sich fort, immer wilder, immer greller entrollen sich die Einfälle gleich Visionen.

Tanzszenen zeigen Muskelpakete im Sprung, Nacken und Hintern verflochten, der Gang gleich Strolchen auf Raubzug, fletschende Zähne, Stimmen, die Seelen aus den Leibern zu brüllen trachten. Besonders abstoßend wirken die Darstellungen von Tiertötungen: Tief tauchen die Akteure ihre Messer in die Bäuche von Ziegen, das Blut »spritzt wie Dynamit hoch« und wird gierig aufgefangen von den Kindern mit offenen Mündern. Schließlich packen die Eingeborenen – ihre Köpfe in den Leib des Schlachtopfers vergraben – auch das noch zuckende Herz und reißen es mit Zähnen und Lippen heraus, verschlingen es lebend:

alive still in their mouths throats still beating Bang
still! Bang in their stomachs

*

lebend noch in ihren Mündern, Kehlen, noch klopfend Bang
noch immer! Bang in ihren Mägen.

Wohl sind die Bilder Zeugnisse höchster Wortkunst, aber eine tiefere Verletzung der Aborigines habe ich in der an Verletzungen reichen Eliza-Literatur nirgends gefunden. Von allen Autoren tritt Michael Ondaatje – der Beweis fällt leicht – den Aborigines am gefährlichsten entgegen, weil seine Verse den Atem verschlagen. Der australische Anglist Gerry Turcotte, ein Kenner Ondaatjes, meint, in dieser brutalen Schlacht-Sequenz werde »das primitive Andere besonders widerhallend illustriert«. Denunziert wäre hier wohl das passendere Wort.

Ondaatje reduziert die Kultur der Australier auf Misshandlung und Blutrausch. Als Gegensatz lässt er den weißen Bushranger einem Samariter gleich auftreten. Als Einziger im Gedicht trägt er auch einen Namen: Potter. Weit weg von der Zivilisation zwar auch er, der Sträfling: verwildert, tätowiert, jagend, tötend. Aber abendländisch ritterlich, als er zufällig der verlassenen Frau begegnet. Als die beiden fliehen und durch einen Fluss waten, führt er sie hilfreich am Ellbogen – ein rührendes Kavaliersbild vor dräuendem Hintergrund. Oder er trägt sie, wenn sie erschöpft ist: die eine Hand unter ihren Kniekehlen, ihr Gesicht in sein Hemd vergraben. Sehr zart das alles und ausdrucksstark.

Ohne dass Potter es merkt, werden ihm auf dem Weg im undurchsichtigen Sumpf von messerscharfen Pflanzen einige Zehen weggeschnitten – darum *der Mann mit den sieben Zehen*:

Teeth so sharp, it was later
he found he'd lost toes,
the stumps sheer
as from ideal knives.

*

Zähne so scharf, erst später
merkte er, dass er Zehen verloren hatte,
die Stummel weggehauen
wie von besten Messern.

Am Ende findet die Frau Zuflucht in einer Herberge mit dem viel sagenden Namen »Royal Hotel«. Sie pflegt ihre Wunden auf kühlen Laken. Potter ist ganz einfach verschwunden. Keine Treulosigkeit ihrerseits, er ohne Rachegedanken.

Gerry Turcotte sagt über die Behandlung der Schwarzen im Gedicht: »Ondaatje hat die Eingeborenen ›kannibalisiert‹, er erwischte ihr noch zuckendes Herz und aß sie lebendig auf.« – Das ist wohl etwas gestelzt ausgedrückt und doch richtig. Es gibt andere Kritiker, die bei den Szenen an Voodoo denken oder an Darwin, weil die Australier hier als Übergang zwischen Tier und Mensch darstellt seien.

Ungewollt ist Ondaatje nahe an John Curtis und dessen Verleumdungen. Dank überzeugender Sprachkraft treffen seine Darstellungen wilder, blutrünstiger Eingeborenenhorden mit besonderer Wucht. Der Dichter schlägt mit höchster Kunst umso tiefere Wunden.

Aborigines heute prüfen den Spuk von gestern

Seit nunmehr 170 Jahren treibt die »Faction«-Figur Eliza Fraser als Spukgestalt zwischen Wirklichkeit und Legende einen Keil zwischen Weiße und Aborigines. Sogar heute noch hat die längst verstorbene Engländerin so viel Durchsetzungsvermögen, dass sie Australiens Ureinwohner zu entmutigen vermag. Denn es fällt auf: Wer immer sich in den vergangenen fünfzig Jahren gedrängt fühlte, Eliza Fraser auf den Sockel zu stellen, sie zu heroisieren oder zu dämonisieren – in der Kunst, in der Wissenschaft –, ist von weißer Hautfarbe.

Mit ganz wenigen Ausnahmen. Besonders streitbar, wenn Frasers folgenreiche Unternehmungen zur Diskussion stehen, ist Fiona Foley, die geachtete australische Malerin, Bildhauerin und Installationskünstlerin. Sie gehört mütterlicherseits zum Stamm der Badtjala (Butchulla), der bis 1904, dem Zeitpunkt der Vertreibung, auf Fraser Island beheimatet war. Ihr Vater ist Ire.

Eliza Frasers Schiffbruch stehe in enger Beziehung mit dem Schicksal der Familie ihrer Mutter. Fiona Foley sieht Eliza in erster Linie als Zerstörerin alter Traditionen – einmal abgesehen von den Zerstörungen, die sie indirekt zu verantworten hat. Über Foleys Einsatz im Kampf gegen die Folgen der unendlichen Eliza-Saga schreibt die Fraser-Forscherin Kay Schaffer: »Dieses Ereignis wühlt sie auf, formt ihre Lebensgeschichte und motiviert ihre Kunst.« Und Foley selbst erklärt: »Die melancholische Chronik des Verlusts prägt meine Erinnerung als Künstlerin der Badtjala von Thoorgine (Fraser Island).«

Fiona Foley lebt in zwei Welten. Ihre Stimme wird in beiden Welten gehört. Ausgebildet wurde sie in westlich orientierten Kunstzentren, ihre Arbeiten werden von Sydney, London, New York bis Kyoto gezeigt. Dennoch verlor sie nie den Kontakt zu ihrer Herkunft und zu den künstlerischen Bildvorstellungen der Aborigines. Sie versucht, in ihrer Arbeit beide Stränge sichtbar zu machen.

Vor allem mit den Mitteln ihrer Kunst wehrt sich Fiona Foley gegen die Verunglimpfung der Aborigines in der Erobererlegende Fraser. Sie scheut aber auch die verbale Konfrontation mit der Wissenschaft nicht und lässt sich bei gelehrten Veranstaltungen zum Schiffbruch-Thema mit ungeschminkten Wahrheiten vernehmen – im Kreis derer also, die sich von der frühviktorianischen Dame auch heute noch die akademische Profilierung erhoffen.

DIE TÄUSCHUNG AUF DEM PRÜFSTAND

1991 stellte Fiona Foley als 27-Jährige in Sydney zehn Bilder aus zum Fall Eliza Fraser. Sie nannte den Zyklus »By Land and Sea I Leave Ephemeral Spirit« (Zu Land und zur See hinterlasse ich flüchtigen Mut). Couragiert, das Wort ist am Platz, setzt sie sich in diesen Arbeiten mit jenen zwei Männern auseinander, die der Schiffbruch-Story am nachhaltigsten Gestalt gaben: dem Journalisten John Curtis und dem Maler Sidney Nolan.

Foley spielt mit verschiedenen Bildelementen aus den Werken von Curtis und Nolan. Sie schneidet zum Beispiel das Stahlstichporträt Elizas mit dem Witwenhäubchen aus John Curtis'

Buch heraus, dreht und wendet den treuherzig-putzigen Kopf in alle Richtungen und stellt die koloniale Musterwitwe, wie sie bei Curtis dargestellt ist, ironisch als Mahnmal ins Bild – oft kombiniert mit Nolans Bushranger Bracefell oder mit seinen stereotypen Eingeborenenfiguren. Deutlich sichtbar durchschneiden horizontale Grenzziehungen Foleys Leinwände: Trennungen zwischen den beiden Welten Weiß und Schwarz. Im einen Fall ragt die Darstellung einer überdimensionierten Rattenfalle brutal über die Trennlinie hinaus in beide Bildteile hinein als Symbol der ausweglosen Lage der Einheimischen im Land.

Foley gelingt die subtile Abrechnung mit den zwei einflussreichsten Deutern Eliza Frasers aus Vergangenheit und Gegenwart. Sie entlarvt vor dem Hintergrund ihres eigenen künstlerischen Einsatzes ganz einfach Curtis' und Nolans recht simple Stilmittel.

Mit dieser Bloßstellung weist sie listig auf einen weiteren Sachverhalt hin, nämlich auf die kaum glaubliche Wirkung der beiden. Foley stellt die Trugbilder, von denen sich die Weißen fast zwei Jahrhunderte lang täuschen ließen, gut sichtbar auf den Prüfstand.

EXPLOSIVE VERGANGENHEIT

Vor wenigen Jahren war Fiona Foley als Referentin zu einem Treffen vornehmlich australischer Wissenschaftler geladen, zu einer Diskussionsrunde, gewidmet einmal mehr der Kapitänsfrau Eliza Fraser. Das Thema hieß: »Constructions of Colonialism. Perspectives on Eliza Fraser's Shipwreck«. 1998 lagen die einzelnen Tagungsbeiträge gedruckt vor. Foley überschrieb ihre Stellungnahme: »A Blast from the Past« (Eine Explosion aus der Vergangenheit). Ihr Ausgangspunkt ist die Lektüre der *Newsweek*-Reportage über den »Engel des schwarzen Todes«, die zwielichtige deutsche Forscherin Amalie Dietrich.

Foley, in ihren Eliza-Bildern noch um ironische Zurückhaltung bemüht, rechnet jetzt vor versammelter Gelehrtenschaft mit harten Worten ab.

Noch im 19. Jahrhundert seien Schiffsladungen mit Schädeln und anderen Körperteilen der Aborigines ein wichtiger Zweig der Exportindustrie Australiens gewesen. Genauso schlimm gebärde sich die Forschung heute:

> Die hinterhältige neue Wissenschaft des späten 20. Jahrhunderts hingegen bedarf der physischen Exporte nicht mehr. Was mich in diesem Jahrzehnt am meisten entsetzt, ist die alles durchdringende Kolonisation des Intellekts. Nicht zufrieden mit Leichenschänderei wie ihre Vorfahren, kolonisieren diese *nouveaux* (sic!) Kolonisten unseren eingeborenen Intellekt.

Als Angehörige des Badtjala-Stamms auf Fraser Island sehe sie diese *nouveau* Kolonisierung auf drei Wegen fortschreiten:

Erstens auf dem Weg der nationalen Wiederaufbereitung von Kolonistenlegenden à la Fraser, zweitens auf dem Weg des Gebrauchs von verschleiernder Sprache (buzz-words) im Umgang mit den Aborigines wie zum Beispiel »glückliche Vermischung«, »Aussöhnung«, »Vermittlung«. Und drittens durch die intellektuelle Kolonisierung durch die australischen Universitäten, wo die Aborigines bestenfalls als Informanten zugelassen seien, als Belegzubringer für die weißen Doktoranden. Foley wörtlich:

> Was im akademischen Leben hierzulande stattfindet, ist eine krasse Romantisierung der kolonialen Existenz, die auf Ignoranz gründet, auf der Missachtung der Komplexität des aboriginalen Lebens, der aboriginalen Kultur und ihrer Sprachen, ihrer Verwandtschaftssysteme, ihrer Religion,

ihrer Kunst und auch ihres traditionellen Wissens. Traurig, aber wahr: nur äußerst selten ist ein Angloaustralier imstande, auch nur ein einziges Wort einer aboriginalen Sprache zu sprechen, ganz zu schweigen von Kenntnissen über Grammatik und Satzbau.

Kritisch äußert sie sich zum Tagungsthema Eliza Fraser.

Es sei verständlich, dass die Tugenden früher Außenposten-Frauen heute aufgemöbelt werden müssen, denn es gehe mit der Schaffung starker historischer Frauenspersonen um nichts anderes als die Kräftigung der nationalen Identität. Aber, so fragt sie: »Warum sind diese Heroinen eigentlich nie schwarz? Warum muss eine australische Heldin immer weiß sein?«

Stets sei es die weiße Maid (engl.: damsell), die gegen Naturgewalten und eingeborene Wilde anzukämpfen habe. Ihr schwarzes Ebenbild hingegen hinterließ in Geschichte und Literatur nicht die geringste Spur. Schwarze Frauen seien in Australiens Geschichte immer namenlos, ohne Biografie, gesichtslos.

Diese angebliche weiße Heldin ist in meinem eigenen Leben die schwer fassbare Eliza Fraser. Ihre unaufhörliche öffentliche Mythologisierung hat sie zum Denkmal werden lassen, zur nationalen und internationalen Siegerin. 1836 war sie fünf Wochen lang auf Fraser Island von der Außenwelt abgeschnitten – und schon gelang es ihrer Saga, für zwei Jahrhunderte weiterzuleben. Mrs. Frasers Einkerkerung auf der Insel bedeutete umgekehrt jedoch das endgültige Aus für die traditionellen Besitzer von Fraser Island, die Badtjala und andere Stämme. Das Fehlen jeden Dialogs hat unser Volk unwiderruflich zerstört und domestiziert. Ich frage mich: Wann wird es Eliza Fraser selbst sein, die endlich ihre Ruhe findet?

Die Kruste ist weg

350 Jahre etwa dauerte die holländische und englische Kolonialzeit in Südostasien, und seit 1788 leben Engländer in Australien. Alle diese Kolonien waren stets Tummelplätze für schillernde Figuren, für Außenseiter, Sonderlinge, Ganoven aller Art. Wer sucht, findet von Bombay bis Hobart absonderliche Lebensläufe, Chroniken über gesetzlose Machenschaften, wahre und erfundene Abenteuergeschichten, Skandale beim Militär, in den Regierungen und Handelskontoren, Räubereien in der Seefahrt. Wer aber glaubt, keine Überraschung mehr zu erwarten von dieser verstaubten Vergangenheit, wird von Eliza Fraser eines Besseren belehrt. Ihre Geschichte ragt weit heraus aus dem bekannt-bunten Wust kolonialer Legenden.

PHANTOM ODER VOLKSHEROINE?

Sie stammt aus vermutlich einfachen Verhältnissen. Schreiben ist sie nicht gewohnt, das beweist ihr einziger erhaltener Schriftzug auf einer offiziellen Akte. Sie verfügt weder über eine Geburtsurkunde, noch wurde ihr Totenschein entdeckt: eine amtlich nicht erfasste Person. Einige enttäuschte Forscherinnen erzählen von vergeblicher Liebesmüh bei der Spurensuche nach Eliza. Sie scheuten weder Knochenarbeit noch materiellen Einsatz, reisten von Archiv zu Archiv, von Sri Lanka nach den Orkneys um die halbe Welt. Am Ende die bange Frage, ob Eliza überhaupt gelebt habe, ob sie vielleicht ein Phantom sei. Die australische Spezialistin Kay Schaffer klagt über ihr Scheitern bei der Fahndung nach Dokumenten und über »die illusorische Wahrheit von Elizas Existenz« – mit solchen Zweifeln die Aussagen vieler Zeitgenossen missachtend, Mrs. Fraser habe ihnen in Fleisch und Blut gegenübergestanden.

Wer sich an die Fersen der Hasardeurin heftet, muss die Verunsicherung in Kauf nehmen. Die vertrauten Erwartungen und Interpretationsmuster helfen bei ihr nicht weiter. Die Wahrheit findet sich weder in Geschichtsbüchern noch auf behördlichen Papieren, sondern im Lärm und Qualm von Hafenkneipen, dem wissenschaftlich kaum dokumentierten Wirkungsbereich Elizas.

Nie in der ganzen englischen Kolonialgeschichte des 18. und 19. Jahrhunderts ist es vorgekommen, dass eine Frau weltweit von sich reden machte. Natürlich gibt es scharfsinnige politische Analysen von Beobachterinnen der Szenerie oder Informationen über Frauen gut situierter Handelsherren und Politiker, die in den Kolonien einflussreiche gesellschaftliche Positionen innehatten. Nie aber reichte die Bedeutung ihrer Person über die Imperiumsgrenzen hinaus.

»Die erste Weiße bei den australischen Wilden« war bestimmt der wichtigste Grund für Elizas Berühmtheit, aber nicht der einzige Anlass. Sie gab sich derb, war geldgierig, log, wehrte sich ihrer Haut. Eine robuste Draufgängerin, leicht anrüchig, ihre Abenteuer wurden in Jahrmarktsbuden beklatscht. Wegen ihres unverfrorenen Auftretens fanden ihre Verleumdungsgeschichten vor allem auf der Straße Gehör, verbreiteten sich im Nu, wurden zum Tagesgespräch, zum Zeitungsereignis, zum »melancholischen Rezital« (Curtis). Eine echte Volksheroine, dem Volk zugehörig, noch dazu mit überseeischen Erfahrungen aus dem unheimlichen Australien: Das war neu damals. Das machte die Sensation aus. Sie wurde von den Massen verehrt, ihr wurde alles geglaubt. Aber nur kurze Zeit stand sie auf dem Podest, rasch verglühte ihr Stern. Sie verschwand. Kein Totenschein ist vorhanden, aber ihre Geschichte ist übrig geblieben.

ELIZA TOPAKTUELL

Das Überleben und die Wirkung dieser Geschichte ist die eigentliche Krönung von Elizas gespenstischer Existenz. Als große Überraschung wurde ihre Story in jüngster Zeit zum künstlerischen und wissenschaftlichen Ereignis.

Von Australien ausgehend, stachelten zwei altmodische Berichte über ihren Aufenthalt unter den »Wilden« eine Schar von Entflammmten in aller Welt zu intellektuellen Taten an. Zwei moderige Texte aus den Jahren 1838 und 1888 wurden plötzlich zum Motor für sinnliche Träume von der Dschungelleidenschaft eines Bushranger und einer schutzlosen Weißen. Alle modernen Gestalter wählten dasselbe Grundmotiv – als handelte es sich um einen groß angelegten Kunstwettbewerb. Diese zufällige Gleichschaltung der Visionen ist ein wohl einmaliges kulturelles Phänomen.

Das macht nachdenklich und reizt zum Widerspruch. Denn genau zu der Zeit, als sich der Kunsttrubel rund um Eliza so richtig auszuweiten begann, um 1972, zeigte das australische Parlament den Aborigines ein kleines Entgegenkommen und versprach ihnen erste Schritte in Richtung Selbstbestimmung. Zwar vorerst nur auf dem Papier, und dabei ist es bis heute größtenteils geblieben.

Die Skepsis gegenüber den Aborigines, die Ablehnung des Fremden in seiner offenkundigen Ausprägung führten dazu, dass in allen modernen – bildlichen wie schriftstellerischen – Präsentationen des Eliza-Stoffs die Einheimischen Australiens als unartikuliert stammelnde, übel riechende, blutrünstige Monster zur Schau gestellt sind. Diese verschwörerische Abwehr bezeugt die unheimliche Wirkungskraft und Topaktualität von Elizas Existenz.

Bücher zum Weiterlesen

Die Quellen, Abhandlungen und Dichtungen rund um das Thema Eliza Anne Fraser sind kaum mehr überschaubar. Ein auch nur annähernd vollständiges Literaturverzeichnis wäre eine Zumutung an die Geduld der Leserinnen und Leser, weil sich in solchen Listen die Spreu nicht erkennbar vom Weizen trennen lässt. Der Ausweg: Ich gruppiere nach Sachgebieten und weise kurz auf den Inhalt der wichtigsten und informativsten Publikationen hin, die für das Buch die Grundlage bildeten.

ENTDECKER AUSTRALIENS

Die »Entdeckung« eines Landstrichs wird hier definiert als schriftlich festgehaltene Nachricht des Entdeckers über seinen Fund an die Mitwelt. Im Fall Australien also gehören die allerfrühesten Wanderbewegungen dorthin oder auch vage chinesische Zeugnisse aus dem sechsten Jahrhundert vor unserer Zeit über den mutmaßlichen Verlauf »australischer« Küsten genauso wenig in die Kategorie »Entdeckung« wie spätere Zufallslandungen vom Kurs Richtung Ostindien abgekommener niederländischer Schiffe an der Westküste des Kontinents.

1606 segelte der Spanier Luiz de Torres von Peru herkommend als Erster durch die später nach ihm benannte Meerenge zwischen Pazifik und indischem Ozean, das heißt: zwischen Australien und dem heutigen Neuguinea. Brieflich teilte er dem spanischen König den genauen Verlauf der Passage mit; die Tragweite seiner Entdeckung konnte sich de Torres noch nicht vorstellen.

36 Jahre später, 1642, fuhr der Holländer Abel Tasman im Auftrag des Gouverneurs von Java von der Insel Mauritius aus in Richtung erahntes, aber noch unentdecktes Land. Laut seinem Logbuch geriet er an die Südküste des jetzigen Tasmanien und pflanzte dort – ohne Besitzansprüche – die niederländische Flagge auf. Die Vereinigte Ostindische Kompanie zeigte sich jedoch an dieser Entdeckung nicht interessiert.

Wie es schließlich Schritt um Schritt weiterging mit der Landnahme bis zur Mitte des 19. Jahrhunderts, beschreibt Andrew Sharp in seinem Klassiker: *The Discovery of Australia* (Oxford University Press, London 1963).

Unbestritten der wichtigste Entdecker Australiens war James Cook. Auf einer Erkundungsreise rund um die Welt segelte er als erster Europäer die Ostküste des Kontinents entlang nach Norden und sicherte das riesige Gebiet New South Wales für die englische Krone.

Über Cook und seine Entdeckungsfahrten gibt es eine Menge von Literatur. Ich möchte lediglich auf zwei Texte hinweisen, die sich durch besondere Präzision hervortun. Der eine ist älteren, der andere neueren Datums.

1906 erschien in der Londoner Everyman's Library der Band: *Captain Cooks Voyages of Discovery*, herausgegeben von Ernest Rhys. Das Buch ist vor allem deshalb nützlich, weil sich große Teile von Cooks Tagebüchern und Briefen wörtlich zitiert finden. Die zweite Empfehlung gilt dem Buch von Lynne

Whitney: *The Voyages of Captain James Cook* (Hutchinson, London 1987). Der amerikanischen Historikerin gelingt die glaubwürdige Schilderung von Cooks unbeugsamer Person sowie seines echten naturwissenschaftlichen Interesses inmitten von politischen wie militärischen Querelen und Konkurrenzkämpfen unter Gelehrten oder gefährlichen Neidern.

START DER BRITISCHEN KOLONIE NEW SOUTH WALES

»Merkwürdigerweise wurden die ersten Siedlungsjahre in Australiens Geschichte völlig vernachlässigt«, schreibt Peter Taylor, Historiker und Autor des Buchs: *Australia. The first twelve Years* (George Allen & Unwin, Sydney 1982). Diesem Text verdanke ich ausführliche Informationen über die erste Sträflingsflotte, die unter dem Befehl von Captain Arthur Phillip am 13. Mai 1787 in England in See stach und am 19. Januar 1788 in der Nähe des heutigen Sydney ihr Ziel erreichte.

Eine weitere Quelle über den täglichen Überlebenskampf der Sträflinge im früh schon errichteten Lager Moreton Bay – wohin Eliza Fraser sich geflüchtet hatte – ist der Text von J.G. Steele: *Brisbane Town in Convict Days 1824–1842* (Queensland University Press, 1975, reprinted 1987). Übersichtlich und systematisch berichtet Steele Jahr um Jahr über den Lageralltag und das Management der einzelnen, meist brutalen Kommandanten. Er erzählt von europäischen Besuchern und deren Eindrücken oder zitiert damalige kritische Zeitungsartikel über die Leuteschinderei in der Presse von New South Wales. Dank Steeles Dokumentation können wir uns auch ausmalen, wie die unberührte Dschungellandschaft rund um Brisbane 1824 noch ausgesehen hat oder wie die ersten Weißen dort die Aborigines beurteilten.

Ein wichtiger Zeuge aus Sydneys frühen Tagen ist Charles Darwin. Während seiner fünfjährigen Forschungsreise auf der HMS *Beagle* landete er 1836 auch in Port Jackson und streifte als stolzer Brite durch die Hauptstadt der Kolonie mit ihren gerade 23 000 Einwohnern. Was Darwin an »down under« lobte und was er bemängelte, steht im kostbar ausgestatteten Band von F. W. und J. M. Nicholas: *Charles Darwin in Australia* (Cambridge University Press, Cambridge 1989).

ABORIGINES

Neben der Heroine Eliza spielen die Aborigines eine wichtige Rolle in meinem Buch. Wer eigentlich sind die Aborigines?

Eine plausible Antwort auf die Frage bereitete mir zwiefaches Kopfzerbrechen. Zum einen ist klar, dass die Kenntnis der komplizierten, Jahrtausende alten Geschichte der Aborigines eigentlich Voraussetzung wäre für das Verständnis des ganzen Schiffbruch-Abenteuers. Aber diese Geschichte wickelte sich in weit verzweigten Schlaufen ab und versteckt sich großenteils im vorhistorischen Dunkel. Ganz knapp versuche ich hier die Informationslücke zu schließen dank jüngsten Forschungsberichten in der *Cambridge Encyclopedia of Hunters and Gatherers* (Cambridge University Press, Cambridge 1999).

Woher kamen die Menschen, die Australien als Erste besiedelten? Bevölkerten sie den abgelegenen Erdteil in einer einzigen oder in mehreren Migrationswellen? Genaues weiß niemand. Aber neuesten Vermutungen zufolge zogen die Einwanderer von Nordwesten her nach Süden: von der Inselwelt Südostasiens bis nach Tasmanien. Entweder führte der Weg von Sulawesi (Celebes) über die heutige Inselkette der Molukken nach Neuguinea und von dort im rechten Winkel Richtung

Australien, oder sie zogen via Timor gegen die Nordwestküste des Kontinents. Gesichert ist, dass es sich um Leute handelte, die Boote oder Floße bauen konnten und seefahrtskundig waren.

Nach jetzigem Wissensstand erschienen die frühesten Einwanderer um 60 000 Jahre vor unserer Zeitrechnung in jenem Teil der Welt. Auch wenn der Meeresspiegel damals der langen Eiszeiten wegen viel niedriger war und Australien mit Neuguinea zusammen eine große Landmasse bildete, so mussten die Neuankömmlinge nach jüngsten Berechnungen doch mindestens 80 Kilometer Meerfahrt mit Booten oder Floßen hinter sich bringen.

Der erste nachgewiesene Siedlungsort auf dem australischen Kontinent liegt 27 Kilometer von der Küste entfernt in der Nähe von Perth. Die Steinwerkzeuge sowie karbonisiertes Material schätzen die Fachleute um 38 000 vor Christus. Erste Zeugnisse einer australischen Kultur, dies der verblüffende Vergleich, stammen also ungefähr aus derselben Zeit wie das Erscheinen des »modernen« Menschen (Homo sapiens sapiens) in der Alten Welt.

Entgegen zählebigen westlichen Träumereien von permanenten, magisch gesteuerten Ortswechseln der frühen Australier ist heute gewiss, dass ein großer Teil der Aborigines schon vor Jahrtausenden während der Regenzeit mehrere Monate lang sesshaft entlang den Küsten und Flüssen lebte. Zu meilenweiten Fußmärschen waren sie entweder saisonal aus Nahrungsmangel gewungen, oder die großen Familieneinheiten brachen regelmäßig im Jahresablauf zu beschwerlichen Exkursionen auf, um mit den weit entfernten Nachbarn Feste zu feiern und Nachrichten auszutauschen. Auch Rachefeldzüge und Kleinkriege bedingten tagelange Expeditionen. Das war noch zu Eliza Frasers Zeit nicht anders.

Gleichwohl erzählen nun aber archäologische Funde von Wanderungen über riesige Distanzen. Schon 30 000 Jahre vor unserer Zeit hatten die »Kolonisten« den Kontinent nachweislich mit einer gut funktionierenden »Transfer«-Organisation überzogen. Das schwer deutbare Kommunikationssystem taucht in vielen Mythen auf. Die alten Geschichten berichten über totemistische Ahnen – Menschen oder Tiere –, die mit ihrer »Song-Poetry« die großflächigen Landschaften überhaupt erst zum Leben erweckten. Diese göttlichen Vorfahren öffneten den prähistorischen Reisenden mit ihren Versgesängen die Wege durch Wüsten und über Gebirgszüge. Zum Dank mussten sich die Landnehmer offensichtlich verpflichten, die Gesetze der Ahnen überallhin weiterzutragen. Verbürgt jedenfalls ist, dass Werkzeugtypen, manchmal auch Zeremonien oder spezielle Formen der Sozialstrukturen sich in ältester Zeit bereits über das ganze Gebiet von Nord nach Süd und von West nach Ost verbreitet hatten. Kein Wunder also, dass hölzerne Speere und Bumerangs als Jagdwaffen weiträumig in Gebrauch waren, und dies schon 9000 Jahre vor unserer Zeitrechnung – wenn nicht früher, denn Jäger auf noch älteren Felszeichnungen halten bereits deutlich erkennbare Bumerangs in der Hand.

Die Aborigines entwickelten im Lauf der Zeit ungefähr 250 Sprachen und 700 Dialektformen. Viele der Einheimischen waren noch zur Zeit der Kolonisierung zwei- oder mehrsprachig. Bis heute fand die Linguistik keinerlei Zusammenhang zwischen australischen und anderen Sprachen. Ohne Schrift übermittelten diese Leute ihr ureigenstes Wissen über Jagd, Fischfang, Bootsbau, Pflanzen, Stammesgemeinschaft und Religion. Als die Engländer dann diese Sprachen zum Symptom der Rückständigkeit erklärten und nur noch ihr eigenes Idiom duldeten, machten sie die Einheimischen im wahrsten Sinn des Wortes mundtot und damit kulturtot.

Eliza Frasers Einstellung zu den Aborigines war fatal. Gab es auch positive frühe Kontakte? Auskunft gibt ein Buch, das ich beinahe als Pflichtlektüre empfehlen möchte. Es sind die Erinnerungen einer Tochter an ihren Vater, Tom Petrie, der als Junge in der Gegend von Fraser Island über Jahre mit den Aborigines gelebt hatte. Petrie kannte Alltag und Rituale, Jagd und Fischerei, Kriege und Feste der Einheimischen. Als einziger Weißer war er zugelassen zu Zeremonien, von denen ohne diese Aufzeichnungen niemand mehr wüsste. Petries kritische Äußerungen zur weißen Härte gegenüber schwarzer Hilflosigkeit stehen in scharfem Kontrast zu Eliza Frasers Horrorgeschichten aus genau derselben Zeit und demselben Gebiet. CONSTANCE CAMPBELL PETRIE: *Tom Petries Reminiscences of Early Queensland* (First published 1904. Reprint: Golden Press, Auckland 1975).

ELIZA ANNE FRASER IN FLEISCH UND BLUT

Nein, sie war kein Phantom, die Kapitänsfrau, trotz fehlendem Geburts- und Totenschein. Ihren ersten bezeugten Auftritt hat sie im Bericht des Matrosen HARRY YOULDEN: *Shipwreck in Australia* (The Knickerbocker. A Literary Monthly. New York, Vol. XLI No. 4, April 1853). Youlden war Seemann auf der *Stirling Castle* und erinnert sich noch nach siebzehn Jahren an Elizas Lügenhaftigkeit.

Den Königsbeweis ihrer Existenz liefert der englische Publizist John Curtis, der Eliza in London wochenlang ausgefragt hat und ihre Geschichte der Nachwelt überlieferte. Heute noch dient das Buch als wichtigste Quelle, nur ist es leider im Antiquariatshandel weltweit nicht mehr aufzutreiben. Nachweislich sind drei Bibliotheken in seinem Besitz: Library of the University of Queensland; British Library; National Library of Scotland, Edinburg. JOHN CURTIS nennt sein Werk: *Shipwreck of the »Stirling Castle«, a faithful Narrative of the dreadful Sufferings of the Crew and the cruel Murder of Captain Fraser by the Savages. Also, the horrible Barbarity of the Cannibals inflicted upon the Captains Widow, whose unparalleled Sufferings are stated by herself, and corroborated by the other Survivors* (London 1838).

Ein äußerst kurioses Buch im Lebensumfeld der Eliza Fraser ist das Sammelwerk über die Walfänger des Neuseeländers ROBERT MCNAB: *The Old Whaling Days. A History of Southern New Zealand from 1830 to 1840* (First published 1913, Reprint Golden Press, Auckland 1975). Es ist der einzige Text, der ein Licht wirft auf Elizas zweiten Mann, den nicht über jeden Zweifel erhabenen Walfänger John Greene.

DAS DENKMAL ELIZA ANNE FRASER IN DER KUNST …

Die maßgebliche Triebfeder von Elizas Comeback im 20. Jahrhundert war der australische Maler Sir Sidney Nolan. Er ließ sich vom englischen Dschungelkrieger und Hobbyanthropologen Tom Harrisson für die Schiffbruch-Geschichte begeistern. So wird es erzählt in Nolans Biografie von BRIAN ADAMS: *Sidney Nolan. Such is Life* (Hutchinson of Australia, 1987).

Nolan seinerseits zog den Freund und späteren Nobelpreisträger für Literatur, Patrick White, mit ins Geschehen. PATRICK WHITES Eliza-Roman heißt: *The Fringe of Leaves* (Cape, London 1976). Wie schwer sich White mit dem Text tat, wie lange er die Geschichte mit sich herumtrug, welche Niederlagen er in Kauf nehmen musste, erzählt sein Biograf DAVID MARR: *Patrick White. A Life* (Random House, Sydney 1991). Die kleinen witzigen, von mir zitierten Episoden aus Whites Leben verdanke ich den Recherchen von David Marr.

Anregend sind die Interpretationen zweier überseeischer Autoren, die sich von Eliza inspirieren ließen, einmal des Südafrikaners ANDRÉ BRINK: *An Instant in the Wind* (W.H. Allen, London 1979). Und des in Kanada lebenden MICHAEL ONDAATJE: *The Man with Seven Toes* (The Coach House Press, Third Edition, 1975). Ondaatjes großes Gedicht über die in der Wildnis verloren gegangene Frau ist ein künstlerischer – wenn auch nicht ungefährlicher – Höhepunkt der Eliza-Literatur.

Zwei weitere Bücher muss ich erwähnen, die mir Orientierungshilfe leisteten im Eliza-Dschungel. MICHAEL ALEXANDER: *Mrs. Fraser on the Fatal Shore* (Michael Joseph, London 1971) und ROBERT GIBBINGS: *John Graham Convict. An Historical Narrative* (Faber & Faber, London 1937). Alexander verarbeitete einerseits bereits bekannte und andererseits von ihm speziell ausgegrabene Fakten zu einer kleinen Lebensgeschichte der Kapitänsfrau. Aufschlussreicher scheint mir der Text von Robert Gibbings. Dank seiner Archiv-Arbeit vor siebzig Jahren ist das Leben John Grahams, des Bushranger, der Eliza befreite, in allen Einzelheiten bekannt.

... UND IN DER WISSENSCHAFT

»Ich ließ mich in der Sorbonne auf einen Stuhl fallen und versuchte, meine Enttäuschung zu verbergen. Eben war mir mitgeteilt worden, dass der Vortrag, den ich auf Einladung halten sollte, abgesagt sei. Ich hatte damals keine Ahnung, dass aus meiner akuten Frustration ein Buch entstehen sollte.« Dies sagt die Autorin KAY SCHAFFER im Vorwort zu ihrem Text: *In the Wake of First Contact. The Eliza Fraser Stories* (Cambridge University Press, Cambridge 1995).

Kay Schaffer, Professorin für *Women's Studies* an der Adelaide

University, ist die Begründerin der Fraser-Forschung. In Paris wollte sie über Whites Eliza-Roman sprechen. Nach der Absage beschloss sie, der Schiffbruch-Geschichte endlich auf den Grund zu gehen, und wählte Eliza zum langjährigen Forschungsthema. Schaffer bietet weitest reichende Informationen, sie analysiert sämtliche ihr bekannten Zeugnisse und Publikationen im Umfeld der Kapitänsfrau – entsprechend ihrer Fachrichtung aus der feministischen Perspektive. Diese Befangenheit zeitigt mit Blick auf historische Ereignisse oder Quellendeutungen oft strittige Resultate, beispielsweise, wenn sie jeder kolonialen Gesinnung prinzipiell ein männliches Kulturverständnis unterlegt. Eliza selbst wäre ein Gegenbeweis dieser These. Trotzdem bin ich Kay Schaffer für ihr Werk dankbar. Ohne ihre Vorarbeit wäre die Suche nach der breit gestreuten Literatur zum Marathon geworden. Erstaunlich ist Schaffers Ausdauer. Dank ihr weitete sich die Fraser-Forschung in kurzer Zeit interdisziplinär und international aus. Die vorläufig letzte von ihr mit organisierte Tagung zeitigte das Buch: *Constructions of Colonialism. Perspectives on Eliza Fraser's Shipwreck. Edited by Ian J. McNiven, Lynette Russell and Kay Schaffer* (Leicester University Press, Leicester 1998). Erstmals melden sich hier auch Aborigines zu Wort.

Dank

Sabine Groenewold, der Verlegerin, sage ich Dank für ihren Vorschlag, die absonderliche Geschichte der Eliza Anne Fraser aufzuschreiben. Ich danke ihr auch für die Lektoratsarbeit und ihre Ratschläge für redaktionelle Verbesserungen.

Ulrike Moret, Bibliothekarin an der schottischen Nationalbibliothek in Edinburg, hat mir in unbürokratischer Weise geholfen, in kürzester Zeit in den Besitz der kostbaren Mikrofilme meiner wichtigsten Quelle, des Berichts von John Curtis, zu kommen. Was normalerweise monatelang dauert, schaffte sie in wenigen Tagen.

Birgit Scheps, Kustos der Australienabteilung am Völkerkundemuseum Leipzig, war sofort bereit, mir verschlossene oder unauffindbare Quellen über den »Engel des schwarzen Todes«, Amalie Dietrich, zu übermitteln, obwohl sie sich persönlich von den Verunglimpfungen der Forscherin distanziert.

Auf den technischen Beistand der Bibliotheksverantwortlichen des Zeitungsarchivs der British Library *(The British Library Newspaper Library)* in Colindale war ich angewiesen und bin ihnen dankbar.

Marc Veenendaal war meine Basisstation in Sydney und die Kontaktperson zu allen australischen Archiven. Während Wochen öffnete er geduldig meine E-Mails und erfüllte stets neue Wünsche nach immer weiteren Dokumenten.

Meiner Familie danke ich für Nachsicht und viel Geduld.

Personenregister

Die Titelfigur, Eliza Fraser, sowie ihr erster Ehemann, Captain John Fraser, werden im Register nicht aufgeführt.

Isabel Hilton

Die Suche nach dem Panchen Lama

Auf den Spuren eines verschwundenen Kindes. Aus dem Englischen von Sigrid Langhaeuser. 413 Seiten. Serie Piper

Die Entführung eines sechsjährigen Jungen im Jahr 1995 stürzt das besetzte Tibet in eine seiner schwersten Krisen – gilt er doch als die elfte Reinkarnation des Panchen Lama, des zweithöchsten Würdenträgers nach dem Dalai Lama. Isabel Hilton erzählt die Geschichte eines unglaublichen politischen Verbrechens und bietet damit einen ebenso spannenden wie ungewöhnlichen Einblick in die religiös-politischen Verhältnisse Tibets und den unerschütterlichen Selbstbehauptungswillen des Landes.

»Isabel Hiltons international gewürdigtes Werk liest sich wie ein Krimi – und doch ist alles wahr.«
Süddeutsche Zeitung

05/1564/01/L

Jason Elliot

Unerwartetes Licht

Reisen durch Afghanistan. Aus dem Englischen von Anja Hansen-Schmidt. 487 Seiten mit 8 Seiten Farbbildteil. Serie Piper

»Und dann wurden wir von einem unerwarteten Licht überrascht, filigran wie Kristall. Es war, als hätten wir eine verzauberte Welt betreten.« Poetisch und spannend zugleich ist Jason Elliots Reisebericht über Afghanistan. Er besuchte das Land in den neunziger Jahren, als die Taliban gerade an die Macht kamen. In seinem Buch schildert er das Afghanistan hinter den Kulissen von Kampf und Marter, ein Land voller Kontraste und ein Volk von unvergleichlicher Warmherzigkeit.

»Gekonnt verknüpft Jason Elliot die verwickelte Geschichte des Landes mit seinen eigenen Erlebnissen, bemüht um ein tiefes Verständnis von Islam und Sufismus. Sehr lobens- und höchst lesenswert.«
Frankfurter Rundschau

05/1565/01/R

Julie Harris

Der lange Winter am Ende der Welt

Roman. Aus dem Englischen von Hans-Joachim Maass. 314 Seiten. Serie Piper

Beim Versuch, im Jahr 1926 einen neuen Rekord im Alleinflug aufzustellen, schafft es John Robert Shaw bis Alaska. Doch dann gerät er in einen Sturm und gilt fortan als verschollen. Völlig unvermutet wird John siebzehn Jahre später gefunden – siebzehn Jahre, in denen er mit den Inuit gelebt hat, in einer Einöde aus ewigem Eis und Schnee. Nun sieht er sich gezwungen, zum zweiten Mal ein völlig neues Leben zu beginnen ... Ein bewegender Roman über die Macht der Liebe und den Mut, den eigenen Träumen und Passionen zu folgen.

»Ein großer, berührender Roman über die ureigensten menschlichen Gefühle.«
Ostthüringer Zeitung

05/1519/01/L

Jamie Zeppa

Mein Leben in Bhutan

Als Frau im Land der Götter. Aus dem Englischen von Karina Of. 367 Seiten mit 15 Farbfotos. Serie Piper

Bhutan – das ist das geheimnisvolle »Land des Donnerdrachens« im Himalaja zwischen Tibet, Indien und Sikkim. Aus purer Abenteuerlust beschließt die Kanadierin Jamie als 24jährige, für zwei Jahre in Bhutan Englisch zu unterrichten. Dort begegnet sie einer vom Tourismus noch unberührten Welt. Sie entdeckt die sensationelle, wilde Schönheit der Natur, die faszinierende buddhistische Religion, die traditionsreiche Kultur mit ihren überwältigenden Klosterburgen und uralten mystischen Bräuchen. Mehr und mehr erliegt sie dem Zauber dieses einzigartigen Landes. Jamies tiefe Zuneigung zu den einheimischen Kindern und ihre Liebe zu dem Bhutaner Tshewang führen schließlich dazu, daß sie für immer bleiben möchte – gegen alle Widerstände ... Eine mitreißende Reportage einer mutigen jungen Frau und das bewegende Zeugnis einer großen Liebe zwischen den Kulturen.

05/1079/01/R

SERIE PIPER

SERIE PIPER

Lieve Joris

Die Tore von Damaskus

Eine arabische Reise. Aus dem Niederländischen von Barbara Heller. 301 Seiten. Serie Piper

Wie ein Roman liest sich die Geschichte der jungen syrischen Soziologin Hala, die mit ihrer Tochter Asma allein in Damaskus lebt. Zwölf Jahre zuvor hatte die Geheimpolizei bei einer Razzia Halas Wohnung gestürmt und ihren Mann Ahmed verhaftet – er war Marxist. Halas Leben wird nun bestimmt von der konservativen Familie ihres Mannes, der wechselhaften Tagespolitik und ihrem eigenen Wunsch nach einem selbständigen, unabhängigen Leben. Lieve Joris begleitet sie auf ihren Fahrten kreuz und quer durchs Land, wo sich karge Wüstenlandschaften und üppige Oasen abwechseln, modernste Großstädte und kleine Dörfer. Hinter dieser farbenprächtigen Welt verbirgt sich jedoch Halas Lebenstragödie, denn längst hat sie aufgehört, ihren Mann zu lieben. Nun aber steht eine Amnestie bevor und damit auch die Rückkehr von Ahmed …

05/1071/01/L

Lieve Joris

Die Sängerin von Sansibar

Reiseberichte aus einer magischen Welt. Aus dem Niederländischen von Maurus Pacher. 217 Seiten. Serie Piper

Lieve Joris ist eine der herausragenden Reiseschriftstellerinnen Europas. Mit ihren vielfach preisgekrönten Berichten gelingt es ihr immer wieder, Fenster in andere Welten zu öffnen, Verständnis zu wecken für Lebensformen und Kulturen, die man vor der Lektüre gar nicht kannte. Sie zeigt Innenansichten von magischen Orten wie Sansibar und sieht Kairo mit den Augen des Autors Nagib Mahfus. Mit dem Schriftsteller V. S. Naipaul reist sie durch Trinidad. Behutsam kommt die belgische Reiseschriftstellerin den Kulturen und Menschen näher, denen sie die Freiheit gibt, sich selbst darzustellen.

05/1072/01/R

Jon Krakauer

In die Wildnis

Allein nach Alaska. Aus dem Amerikanischen von Stephan Steeger. 302 Seiten. Serie Piper

Im August 1992 wurde die Leiche von Chris McCandless im Eis von Alaska gefunden. Wer war dieser junge Mann, und was hat ihn in die gottverlassene Wildnis getrieben? Jon Krakauer hat sein Leben erforscht, seine Reise in den Tod rekonstruiert und ein traurig-schönes Buch geschrieben über die Sehnsucht, die diesen Mann veranlaßte, die Zivilisation hinter sich zu lassen, um tief in die wilde und einsame Schönheit der Natur einzutauchen.

»Ein zutiefst bewegendes, ganz unsentimentales Abenteuerbuch.«
Die Woche

05/1516/01/L

Claus Richter, Bruno Baumann, Bernd Liebner

Die Seidenstraße

Mythos und Gegenwart. Vorwort von Klaus Bresser. 317 Seiten mit 34 Farbfotos. Serie Piper

Abenteuer und Legende eines Handelsweges. Zwei Jahrtausende lang verknüpfte die Seidenstraße die Kulturen Chinas und Zentralasiens mit denen des Abendlandes. Zeitgleich mit den Dreharbeiten zur spektakulären Fernseh-Serie »Die Neue Seidenstraße« haben Claus Richter, Bruno Baumann und Bernd Liebner ein nicht minder spannendes Buch geschrieben. Es verbindet persönliche Erlebnisse und fundierte Informationen zu den historischen Hintergründen der Seidenstraße mit dem aktuellen politischen Konzept eines gigantischen Freihandelskorridors zwischen Ost und West.

05/1173/01/R

SERIE PIPER

SERIE PIPER

Hans Kammerlander

Bergsüchtig

Klettern und Abfahren in der Todeszone. Unter Mitarbeit von Walther Lücker. 349 Seiten mit 56 Schwarzweiß- und 85 Farbfotos. Serie Piper

Der Südtiroler Hans Kammerlander ist einer der erfolgreichsten Extrembergsteiger der Welt und bisher der einzige, der vom Mount Everest mit Skiern abgefahren ist. In diesem Buch erzählt er von seiner Bergsucht, die ihn seit seiner Jugend immer wieder auf die höchsten Gipfel treibt, von seinem Leben zwischen Fels und Eis und von seinen Abenteuern auf den Achttausendern.

»Ein ehrliches, bodenständiges und schnörkelloses Buch. Ein echter Kammerlander eben.«
Abendzeitung, München

05/1561/01/L

Hans Kammerlander

Abstieg zum Erfolg

282 Seiten mit 78 Farbfotos und 39 Schwarzweißfotos. Serie Piper

Nicht das Erreichen des Gipfels ist die wahre Leistung beim Bergsteigen und Extremklettern, sondern ein erfolgreicher Abstieg. Hans Kammerlander berichtet von bedrohlichen Situationen, die manchmal nur durch Glück und Zufall gemeistert werden konnten, von Touren, die abgebrochen werden mußten, vom eigenen Scheitern und dem Scheitern anderer. Er erzählt davon, wie er immer wieder herausfindet, wo seine Grenzen liegen und wie weit er noch gehen kann – vor allem aber erzählt er von der unendlichen Faszination der Berge.
Außerdem Beiträge von Reinhold Messner, Oswald Oelz, Michl Dacher, Werner Beikircher, Friedl Mutschlechner, Hanspeter Eisendle, Alois Kammerlander, Hans Steinbichler und Franz Xaver Wagner.

05/1562/01/R

Nicolas Vanier

Das Schneekind

Eine Familie unterwegs durch die Schneewüsten von Kanada und Alaska. Aus dem Französischen von Reiner Pfleiderer. 351 Seiten mit 35 Farbfotos. Serie Piper

Die Geschichte von der Erfüllung eines Lebenstraums: Der weltberühmte Abenteurer Nicolas Vanier zieht mit seiner Frau Diane und der kleinen Tochter Montaine für ein Jahr in die Wildnis von Kanada und Alaska. Sie bauen sich ein Blockhaus und ernähren sich wie die Menschen früherer Zeiten: vom Jagen, Fischen und Sammeln. Es ist ein Leben im Einklang mit der gewaltigen Natur des hohen Nordens, voller Einfachheit, Klarheit und Poesie.

»Nicolas Vanier ist ein ebenso unerschrockener Abenteurer wie einfühlsamer Chronist seiner Erlebnisse. Bei Vanier wird aus dem Trip eine große Liebeserklärung an die Natur.«
Vogue

05/1537/01/L

Nicolas Vanier

Der Sohn der Schneewüste

Roman. Aus dem Französischen von Reiner Pfleiderer. 509 Seiten. Serie Piper

Wie schon in seinem Bestseller »Das Schneekind« entführt Nicolas Vanier den Leser in die verschneiten Weiten Kanadas. In seinem packenden Roman erzählt er die Abenteuer des jungen Indianers Ohio, der mit seinem Hundegespann allein durch die Wildnis der Rocky Mountains zieht. Von seinem Stamm verstoßen und seiner Wurzeln beraubt, begibt er sich in der Welt des weißen Mannes auf die Suche nach dem Vater, den er nie gekannt hat. Doch er wird zutiefst enttäuscht – bis er der schönen Mayoke begegnet …

»Ein moderner Jack London.«
Süddeutsche Zeitung

05/1538/01/R

Beryl Markham

Westwärts mit der Nacht

Mein Leben als Fliegerin in Afrika. Vorwort von Martha Gellhorn. Aus dem Englischen von Günter Panske. 314 Seiten. Serie Piper

Tania Blixen beschreibt sie als eine hinreißende Frau: Die unternehmungslustige Beryl Markham, die den größten Teil ihres Lebens in Afrika verbrachte, war ganz versessen auf die Löwenjagd und das Fliegen. Wie einen Abenteuerroman schildert sie ihr aufregendes Leben im Afrika der Kolonialzeit, als Kenia noch ein Ort war, an dem Europäer ihre Träume von unberührter Wildnis und Exotik verwirklichen konnten. Sie erzählt von ihrem Alleinflug über den Atlantik von Ost nach West, der sie 1936 auf einen Schlag weltberühmt machte, von einer dramatischen Rettungsaktion im afrikanischen Busch und von ihrem Leben als Frau in Kenia. Kein Geringerer als Ernest Hemingway sagte über sie: »Ihre Bücher sind phantastisch, weit wichtiger als meine eigenen Romane.«

05/1074/01/L

Velma Wallis

Zwei alte Frauen

Eine Legende von Verrat und Tapferkeit. Aus dem Amerikanischen von Christel Dormagen. Illustriert von Heinke Both. 128 Seiten. Serie Piper

Ein Nomadenstamm im hohen Norden von Alaska: Während eines bitterkalten Winters kommt es zu einer gefährlichen Hungersnot. Wie das alte Stammesgesetz es vorschreibt, beschließt der Häuptling, die beiden ältesten Frauen als »unnütze Esser« zurückzulassen, um den Stamm zu retten. Doch in der Einsamkeit der eisigen Wildnis geschieht das Unglaubliche: Die beiden alten Indianerfrauen geben nicht auf, sondern besinnen sich auf ihre ureigenen Fähigkeiten, die sie längst vergessen geglaubt hatten …

»Die indianische Legende besticht durch die archaische Kraft und außergewöhnliche Naturschilderungen.«
Marie Claire

05/1518/01/R

Die Hanse

Owen Chase
Der Untergang der Essex

Aus dem Englischen von Michael Benthack
Geb. mit Schutzumschlag, 194 Seiten
ISBN 3-434-52565-3

Einmalig in der Seefahrtsgeschichte:
Ein Wal greift ein Schiff an und versenkt es.
Owen Chase war dabei, und sein Bericht
wurde die Vorlage für Melvilles »Moby Dick«.

John Nicol, Seefahrer
Sein Leben, von ihm selbst erzählt

Aus dem Englischen von Xenia Osthelder
Mit zeitgenössischen Abbildungen
Geb. mit Schutzumschlag, 177 Seiten
ISBN 3-434-52585-8

Die Weltgeschichte zu Wasser, aus der Sicht eines einfachen Matrosen. 200 Jahre war diese Kostbarkeit verloren, in preiswürdiger Übersetzung liegt sie nun endlich auch für den deutschen Leser vor.

John Toohey
Käpt'n Blighs Alptraum

Aus dem Englischen von Michael Haupt
Geb. mit Schutzumschlag, 207 Seiten
ISBN 3-434-52582-3

Von der Meuterei auf der Bounty haben wir gehört, wer aber war Käpt'n Bligh? Was geschah mit ihm und den Männern, die die Meuterer einer 6700 km langen Irrfahrt überließen? Toohey lüftet das Geheimnis um Käpt'n Bligh.

www.die-hanse.de

Die Hanse | Bei den Mühren 70 | 20457 Hamburg